LA GLORIA

Experimentando la atmósfera del cielo

Por

Ruth Ward Heflin

Publicado por:

Editorial McDougal
P.O. Box 3595
Hagerstown, MD 21742-3595

Impreso en Los Estados Unidos de América
por distribución en todo el mundo

La mayoria de los libros se escriben. Este, en su mayor parte, ha sido hablado. Es una recopilación de las enseñanzas dadas en nuestros seminarios en Jerusalén, de los sermones predicados en las reuniones del campamento en Ashland, Virginia, y de porciones de mensajes presentados en Inglaterra, Australia, y otras partes del mundo.

Una deuda de gratitud existirá siempre con el hermano Harold McDougal, quien, con gran dedicación, escuchó las cintas de cassette, y las editó por mí. Fue una gran labor de amor. Quienquiera que sea bendecido por este escrito le adeudará a él especiales gracias.

Las gracias son también para el Sr. Glenn Bunch de Baltimore; para el Sr. Arlo Allen de Washington, D.C., para la Sra. Dorothy Buss de Jasper, Arkansas, para el Sr. Thom Garadner de Chambersburg, Pennsylvania, y para el Sr. Edgar Ceballos de Long Island, New York, por los arreglos musicales.

Ruth Heflin
Jerusalén

Una reproducción, en blanco y negro, de una acuarela,
Los seres vivientes, de Susan Woodaman, Adis Abeba, Etiopía, la primavera de 1967

*El primer ser viviente era semejante a un león; el
segundo era semejante a un becerro; el tercero tenía rostro como de hombre; y el cuarto era semejante
a un águila volando.*

*Y los cuatro seres vivientes tenían cada uno seis
alas, y alrededor y por dentro, estaban llenos de ojos;
y no cesaban día y noche de decir: Santo, santo,
santo es el Señor Dios Todopoderoso, el que era, el
que es, y el que ha de venir.*   Apocalipsis 4:7-8

*Miré, y he aquí en la expansión que había sobre la
cabeza de los querubines como una piedra de zafi-
ro, que parecía como semejanza de un trono que se
mostró sobre ellos.*   Ezequiel 10:1

Durante la noche del 20 de junio de 1971, yo fui visi-
tada por los cuatro seres vivientes. En breves momentos
mi vida dio un giro de ciento ochenta grados. Supe que
viviría en Jerusalén y que sería parte del plan de Dios
para esta ciudad y su gente. A través de los años, he
visto aspectos de los seres vivientes una y otra vez. Son
aquellos que ponen en alto el trono de Dios.

Los seres vivientes ejemplifican, para mí, el trono de
Dios, el círculo de la gloria alrededor del trono, y la actividad del trono, y su autoridad en toda la tierra.

Tal como otros seres celestiales están sobre las naciones o áreas de la tierra, personalmente creo que los seres
vivientes son los que velan por Israel y el cumplimiento de los propósitos de Dios en ella.

A la memoria de mi piadoso padre, el pastor Wallace H. Heflin

A mi santa madre, la pastora Edith Heflin

A mi ungido hermano, el hermano Wallace H. Heflin, Jr.

A Canon Francis Collins de Storrington

A mis amigos creyentes, Susan Woodaman, Irene Bredlow, Alice Ford, Janet Saunders Wheeler, Nancy Bergen y Carolyn Gard, con quienes yo he estado en la nube de la gloria de Dios

A los innumerables amigos y peregrinos de las naciones quienes han alabado y glorificado en la gloria con nosotros en Jerusalén.

A todos los hambrientos que anhelan, como yo, a El y Su gloria revelada en toda la tierra.

Contenido

El indice de coros

INTRODUCCION

Nací en la gloria un domingo después del servicio de la tarde. Mis padres fueron pioneros pentecostales. Para el tiempo en que yo nací, ellos estaban viviendo en un par de cuartos de la escuela dominical de la iglesia que ellos fundaron en Richmond, Virginia. Yo nací en aquellos cuartos en la gloria del Señor que era manifiesta en el ministerio de mis padres.

Cuando yo era una jovencita, iba directamente de la escuela a la iglesia en las tardes de los miércoles. Los fieles de la iglesia se reunían en oración de la una a las cuatro. Yo asistí a la mayoría de esas reuniones de oración.

Durante las dos primeras horas ellos hacían sus peticiones e intercedían ante Dios. Durante la última hora ellos tan sólo se reconfortaban al abrigo de Su presencia. Esos eran los mejores momentos. Toda petición en la que ellos pudieran pensar había sido hecha. Ahora, el Espíritu Santo tomaba dominio. Sonidos de gloria fueron rociados en mi espíritu de aquellos años y han permanecido en mí mientras he viajado alrededor del mundo en el ministerio.

He estado en miles de reuniones, y he oído miles de sermones. Pero la mayor influencia en mi vida han sido aquellos gloriosos sonidos que surgían en las últimas horas de aquellas reuniones de oración donde el pueblo de Dios tocaba el ámbito eterno.

Como el aire en la atmósfera de la tierra, la gloria es la atmósfera del cielo. Nos levanta sobre lo terrenal hacia la misma presencia de Dios.

Más tarde, cuando fui a Jerusalén para vivir y adorarle al Dios en el Monte de Sion, El me empezó a mostrar la progresión de la alabanza, a la adoración, y a la GLORIA; y la relación entre estas tres. Me encontré a mi misma compartiento estas simples verdades con el pueblo de Dios alrededor del mundo.

Si puedes capturar los principios básicos de la alabanza, la adoración, y la gloria, tan simples que a veces los pasamos por alto, podrás tener todo lo demás que desees en Dios. No importa si estás solo y no tienes a nadie que se una contigo en oración. No importa en qué estado estés de tu desarrollo espiritual.

¡Muévete al ámbito de la gloria,
y todo se hace posible!

De Jehová es la tierra y su plenitud;
El mundo y los que en él habitan.
Porque él la fundó sobre los mares,
Y la afirmó sobre los ríos.

¿Quién subirá al monte de Jehová?
¿Y quién estará en su lugar santo?
El limpio de manos y puro de corazón;
El que no ha elevado su alma a cosas vanas,
Ni jurado con engaño.
El recibirá bendición de Jehová,
Y justicia del Dios de salvación.
Tal es la generación de los que le buscan,
De los que buscan tu rostro, oh Dios de Jacob.
Selah.

Alzad, oh puertas, vuestras cabezas,
Y alzaos vostras, puertas eternas,
Y entrará el Rey de gloria.
¿Quién es este Rey de gloria?
Jehová el fuerte y valiente,
Jehová el poderoso en batalla.
Alzad, oh puertas, vuestras cabezas,
Y alzaos vosotras, puertas eternas,
Y entrará el Rey de gloria.
¿Quién es este Rey de gloria
Jehová de los ejércitos,
El es el Rey de la gloria.   Selah.

Salmo 24:1-10

Alaba ... hasta que el
espíritu de
adoración
llegue.

Adora ... hasta que la
gloria
llegue.

Luego ... ¡permanece
en la glo-
ria!

La alabanza

Alaba ... hasta que el espíritu de adoración llegue.

La alabanza: instrumento de cosecha

Praise Waiteth for Thee

Words and Music by Ruth Heflin

Praise wait-eth for Thee, oh Lord, in Zi ....on.

Praise wait-eth for Thee, oh Lord, in Zi ....on.

Praise wait-eth for Thee, oh Lord, in Zi ....on.

Praise....... wait......eth for Thee....................... .

En aquel tiempo responderé, dice Jehová, yo responderé a los cielos, y ellos responderán a la tierra; Y la tierra responderá al trigo, al vino y al aceite, y ellos responderán a Jezreel.
Y la sembraré para mí en la tierra, y tendré misericordia de Lo-ruhama; y diré a Lo-ammi : Tú eres pueblo mío, y él dirá: Dios mío.

Oseas

¡La alabanza es un poderoso instrumento de cosecha!

Si hay algo que nosotros, el pueblo pentecostal, pensamos que sabemos hacer, es alabar al Señor. Podremos estar conscientes de otras cosas inadecuadas, pero cuando se trata de alabar, de alguna manera, sentimos que ya tenemos un doctorado en ello.

Cuando el Señor nos llevó a Jerusalén para que residiéramos ahí, en el otoño de 1972, El nos habló en lo concerniente al ministerio a los judíos: "Ustedes no saben nada. Pero, no se preocupen por no saber nada. Yo les enseñaré por Mi Espíritu".

No me molesta la reprensión del Señor. Cuando la gente nos reprende, nos dejan sintiéndonos mal. Pero cuando el Señor nos reprende, El nos da la respuesta a aquello que nos hace falta. Después de decirnos lo que estaba incorrecto, El dijo: "Yo les enseñaré el camino".

Habíamos estado en Jerusalén sólo unas semanas. Junto con veinte y cinco jóvenes, provenientes de nuestro campamento de ministerio de Ashland, Virginia, estábamos alabando y adorando al Señor en el Monte de Sion cuatro noches en la semana en San Pedro en Gallicantu (una bella iglesia católica construida sobre el sitio tradicional de la casa de Caifás, el sumo sacerdote en el tiempo de Cristo). Durante el día, asistíamos a las clases de hebreo cinco horas diarias.

Una noche un ministro americano de visita, quien había estado trabajando en Nigeria, nos habló. Miró a nuestro grupo de jóvenes, vio que todos eran saludables y robustos, y tuvo la idea de que ellos debían repartir folletos evangélicos. Debido a su experiencia pudo visualizar como podríamos alcanzar la totalidad de la ciudad de Jerusalén en poco tiempo, y estaba calculando cuántos miles de folletos podrían ser distribuidos. "Deben salir a sembrar la semilla", dijo.

Todo lo que el hermano dijo era bíblicamente verdadero. Nosotros creíamos en sembrar la Palabra, y habíamos hecho grandes programas de distribución de la Biblia y de porciones de ella en otros países. En Nepal, incluso rentamos helicópteros para llevarnos a remotas áreas con nuestros porciones, y cruzamos barreras, con la ayuda de la familia real, para distribuirlos. Pero en Jerusalén, habían ciertas restricciones. Si íbamos a vivir ahí, tendríamos que atenernos a la ley para hacerlo. Lo que el hermano dijo era bíblico, pero simplemente no era la respuesta de Dios para Jerusalén en ese momento. Para cada país, Dios tiene un plan. No existe necesariamente una sola respuesta que funcione en todas partes o una solución práctica que se ajuste a toda situación.

Mientras el hermano hablaba, sin embargo, pude sentir que nuestros jóvenes se sentían dispuestos a aceptar el desafío. Ya podía yo ver a veinte y cinco jóvenes alineados a la mañana siguiente diciendo: "¿Dónde están los tratados? Estamos listos para repartirlos".

Esa noche oré: "Señor, dame Tu respuesta para ellos".

En medio de la noche, el Señor me habló y dijo: "Ustedes siembren en los cielos, y yo sembraré en la tierra". Y, de esa manera, nació nuestro ministerio de alabanza en el Monte de Sion.

Yo no tenía un versículo preciso de las Escrituras a la mano para respaldar lo que Dios estaba diciéndome. Y no entendía todavía todo lo que El quería decir con: "Ustedes siembren hacia el cielo, y yo sembraré hacia la tierra". Pero estaba decidida a aprender.

Noche tras noche, nos reuníamos para alabar al Señor. El nos habló y dijo: "Ustedes están tan sólo empezando a alabarme. Yo les enseñaré por mi Espíritu cómo alabarme". Todavía estoy aprendiendo.

Cuando ya lo habíamos alabado por un tiempo, recibiríamos una palabra profética en la cual el Señor nos diría: "Su alabanza me deleita, conmueve mi corazón, me agrada, pero quiero que me alaben más". Pronto aprendimos que la alabanza deleita tanto al Señor que siempre quiere más.

Hay quienes dicen que "la alabanza es para el inmaturo, pero que la intercesión es para aquellos que son espirituales". No podría estar más lejos de la verdad. En Apocalipsis, uno de los más grandes libros de alabanza en la Biblia (en verdad, es el libro de alabanza y adoración del cielo), leemos:

> *Y salió del trono una voz que decía: Alabad a nuestro Dios todos sus siervos, y los que le teméis, así pequeños como grandes.*
> *Y oí como la voz de una gran multitud, como el estruendo de muchas aguas, y como la voz de grandes truenos, que decía: ¡Aleluya, porque el Señor nuestro Dios Todopoderoso reina!*
>
> Apocalipsis 19:5-6

¿Quiénes son estos *"siervos"* que son llamados a alabar en el último tiempo del calendario de Dios, como es el capítulo diecinueve de Apocalipsis? Son *"todos"* Sus siervos. Si la alabanza es inmatura, ciertamente deberíamos llegar mas allá antes de la eternidad.

La gente que El llama a alabar en este pasaje son descritos más adelante como *"los que le teméis"*, y finalmente como *"así pequeños como grandes"*. Todos nosotros debemos alabar al Señor. Este es un ámbito en el que todos somos iguales. El llama tanto a los *"pequeños"* como a los *"grandes"* a alabar. Todos nosotros somos uno en el ámbito de la alabanza.

En respuesta al llamado de Dios, Juan describe lo que

él oyó como *"la voz de una gran multitud"*. El mayor instrumento de alabanza que Dios nos ha dado es la voz. Aprende a levantarla hacia Dios.

Descubrimos que no sólo la alabanza deleitaba a nuestro Dios, y que El deseaba más de ella, pero también que a El le gustaba en alta voz. No solamente nos insta: *"Alaben al Señor"*. Nos habla de alabar con *"voz de acción de gracias"* (Salmo 26:7), *"con voz de júbilo"* (Salmo 47:1), y *"con... voz de cántico"* (Salmo 98:5).

La voz que Juan oyó era *"la voz de una gran multitud"*, *"como el estruendo de muchas aguas"*, *"y como la voz de grandes truenos"*. Nuestra alabanza se eleva hasta que truene como las cataratas de Niágara o de Livingston. Tan grandioso es el torrente de sonido que surge de juntar una voz con otra. Crece hasta que es *"como... grandes truenos"*.

Las voces que Juan escuchó estaban diciendo: *"¡Aleluya, porque nuestro Dios Todopoderoso reina!"* Una voz de alabanza es siempre una voz de victoria. Es por eso que el enemigo lucha contra la alabanza. No puedes estar alabando por mucho tiempo sin entrar en victoria. Puedes, a veces, orar por ciertas cosas, y mientras más declaras el problema y oras sobre ello, más tu fe empieza a tambalearse. Al principio tú ves el problema como realmente es. Luego, se hace más grande de lo que en realidad es. Y, finalmente, se hace abrumador. Pero cuando tú alabas, siempre entras en victoria. Alabar es entrar. *"Entrad por sus puertas con acción de gracias, Por sus atrios con alabanza;"* (Salmo 100:4).

La alabanza no es el final. Es el principio. Es el entrar. Mucha gente pentecostal y carismática han aprendido a entrar a través de la alabanza, pero no han sabido cómo continuar hasta la adoración, y, más adelante, hasta la gloria. La alabanza es justamente el entrar en la presencia de Dios. Entramos por puertas de alabanza.

Para cuando llegó el día de Año Nuevo, habíamos estado alabando en el Monte de Sion cerca de seis semanas, constantemente impulsados por el Señor para alabar más y más profundamente. Estábamos alabándole no sólo con nuestros labios, le estábamos alabando con aplausos, levantando nuestras manos, y con danza, todas maravillosas y bíblicas formas de alabanza.

El día de Año Nuevo, el Señor nos habló y dijo: "Aún en estos momentos, mientras me están alabando, estoy derramando mi Espíritu en otra parte de la ciudad". Nos entusiasmamos mucho. Difícilmente pudimos esperar al siguiente día para ver lo que Dios había hecho en otra parte de la ciudad.

El siguiente día supimos que un grupo de veinte y cinco jóvenes árabes bautistas habían tenido una reunión social en la tarde cuando de pronto el Espíritu Santo había sido derramado sobre ellos, y habían empezado a hablar en otras lenguas. Veinte y cinco en ese tiempo en Jerusalén eran como dos mil quinientos en otros partes.

¡Qué conmovidos estábamos! Estábamos aprendiendo, como dice el profeta Miqueas, en los caminos de Dios.

> *Vendrán muchas naciones, y dirán: Venid, y su-*
> *bamos al monte de Jehová, y a la casa del Dios de*
> *Jacob; y nos enseñará en sus caminos, y andare-*
> *mos por sus veredas; porque de Sion saldrá la ley,*
> *y de Jerusalén la palabra de Jehová.*
>
> Miqueas 4:2

Dios había prometido enseñarnos, y lo estaba hacien-do. La Iglesia ha tratado por mucho tiempo hacer la obra de Dios con los métodos del mundo. Hemos tratado de hacer la obra de Dios con los métodos del hombre. He-mos tratado de hacer la obra de Dios con nuestro propio entendimiento. Pero, cuando nosotros hacemos la obra de Dios a la manera de Dios, obtenemos los resultados de Dios.

Teníamos tanto que aprender. No éramos tan intré-pidos y liberados como somos ahora. Dios ha venido trabajando con nosotros por un tiempo. Pero, una vez que encuentras que algo funciona, quieres probarlo otra vez. Empezamos a llegar a los servicios con mayor an-ticipación y a alabar al Señor con mayor fervor. Algunas semanas más tarde el Señor habló una noche y dijo: "Mientras ustedes me alaban, yo estoy derramando mi Espíritu en Gaza". Y empezamos a oír noticias del derramamiento del Espíritu Santo en Gaza.

Unas semanas pasaron. Dios nos habló de un derramamiento de su Espíritu en Galilea. Sub-secuentemente oímos del derramamiento del Espíritu en Galilea. Un poco de tiempo pasó, y el Señor nos ha-

bló y dijo: "Vendré a mi pueblo, los judíos, y me reve-
laré a Mí mismo a ellos donde ellos estén en los Kibuts,
en los campos, en las fábricas". Gente judía empezó a
llegar a nuestro lugar de alabanza, contándonos que
ellos habían recibido una revelación personal de Jesús.

Aprendimos que podíamos alabar a Dios en Jerusalén, sembrando en los cielos, y que Dios tomaría nuestra
alabanza, y la sembraría en la tierra en Jerusalén, Gaza,
y Galilea, en todo Israel. Más tarde nuestra mente se
abriría a entender que esa alabanza, de la misma manera, lograría una cosecha hasta los confines de la tierra.
La alabanza es uno de los instrumentos más poderosos
en la cosecha del reino de Dios.

Hace algunos años, aparecieron en todas partes cal-
comanías para guardachoques con la leyenda: "¡Alaba
a Dios de todas maneras!" El significado era: "Alaba a
Dios si así lo sientes y también hazlo si no lo sientes así.
Si llegas a rastras del trabajo, y has tenido un mal día,
sólo levántate y comienza a alabar a Dios de todas maneras." Cuando oía a alguien decir esto, turbaba mi
espíritu.

Le pregunté al Señor por qué ese concepto me daba
tantos problemas. El me mostró en el Antiguo Testamento que cuando cualquier sacrificio era ofrecido a
Dios tenía que ser perfecto, sin mancha. Nosotros habíamos sido enseñados que podíamos ofrecer cualquier
alabanza a Dios, y que sería aceptada.

Yo dije: "Pero, Señor, es cierto. Hay veces cuando venimos a la Casa de Dios en que no nos sentimos bien.

No siempre nos sentimos como para alabarte. Hay un elemento de verdad en esta enseñanza. Enséñame la respuesta a esto".

Todos nosotros aprendimos el versículo concerniente al sacrificio de alabanza:

Así que, ofrezcamos siempre a Dios, sacrificio de alabanza, es decir, fruto de labios que confiesan su nombre.   Hebreos 13:15

Ciertamente habla del *"sacrificio de alabanza"*. Pero, muchos que usan este versículo, lo hacen con un significado de la palabra "sacrificio" que nunca existió en el pensamiento del Antiguo Testamento. Los judíos tienen muchos errores, pero nunca se quejaron de tener que sacrificar a Dios. "Sacrificio", para nosotros, se ha convertido en aquello que es difícil de hacer, aquello por lo cual, aparentemente, hay que pagar un precio. De esta manera, la gente dice: "Vamos a ofrecer el 'sacrificio' de alabanza" queriendo decir: "sea que así lo sintamos o no".

Un día yo estaba leyendo en Isaías:

Produciré [crearé] *fruto de labios...* Isaías 57:19

De pronto nació la luz en mí de que si vamos a ofrecer un *"sacrificio"* y que el sacrificio es *"fruto de [nuestros] labios"*, y si Dios lo creó [lo produjo de la nada], no debería requerir un gran esfuerzo de nuestra parte.

Cuando venimos a la Casa del Señor, podemos decir: "Dios, crea alabanza dentro de mí". Entonces, de pronto, empezamos a sentir un pequeño brote desde lo más profundo de nuestro ser, y encontramos un "aleluya", un "amén", un "alabado sea Dios", u otras palabras de alabanza que surgen. Nos encontramos alabando en formas en que nunca antes lo habíamos hecho.

Una vez vi a una dama de pie ante el Señor con un pequeño papel en su mano. Ella lo miraba ocasionalmente mientras alababa. "¿Qué es eso que tiene?", le pregunté.

"Este es mi vocabulario de alabanza", respondió. No me molestó, sabía que era muy sincera. Ella quería ofrecer a Dios bellas alabanzas. Pero, deja de preocuparte por un "vocabulario de alabanza". Una alabanza creada que viene desde lo más profundo de nuestro ser, aún si es tan sólo un "amén", es más grande que la más magnífica de las alabanzas que sale sólo de los labios. En algún momento, me encontré repitiendo: "¡Amén! ¡Amén! ¡Amén!" El Espíritu Santo me estaba enseñando que El es el Amén en mi vida, la Ultima Palabra, el Así Sea, El que hace que algo pase, El que produce que algo sea. Yo no lo leí de un libro, pero el Espíritu Santo empezaba a hacerlo nacer dentro de mí.

Si tú nunca dices nada más que "aleluya", pero ese "aleluya" es un "aleluya" creado, es suficiente. Yo siempre le digo a la gente que el "aleluya" que yo acabo de decir no es el "aleluya" que aprendí cuando de niña. Tampoco es un "aleluya" que le ofrecí a Dios la sema-

na pasada en Jerusalén. Este "aleluya" es nuevecito. Es
tan sobrenatural como cuando mi boca se abre para
hablar en lenguas. Es creado.

Cada uno de esos "aleluyas" tiene un profundo significado. Cuando dices: "Te amo" a tu esposo(a), esas
dos palabras tienen un cierto significado básico, pero
ellas tienen también una revelación más completa. Una
vez, las estás diciendo en un contexto, la próxima vez
en otro. Las palabras no son estáticas. Ellas son fluidas.
Tienen vida en ellas. Y esta es la vida que brota de las
palabras.

Eso es lo que ocurre cuando alabo. Ese "aleluya" no
es estático. Es un "aleluya" que fluye con vida, con alabanza a un Señor vivo.

Yo he hablado en lenguas desde que tenía nueve años.
No entiendo nada de lo que digo en lenguas, ni siquiera una frase. En una ocasión, Dios me dio nombres de
personas o lugares en lenguas. Me acuerdo de aquellos. De otra manera, no recuerdo nada más. El hablar
en lenguas no viene a través de la mente. Viene por el
Espíritu. Así, es la alabanza creada de la que hablo.

No estoy pensando, "Yo quiero alabar al Señor". Vengo a Su presencia, abro mi espíritu a El, y mi boca
automáticamente empieza a proclamar sus alabanzas,
mientras el Espíritu de Dios empieza a moverse dentro
de mí. Me encuentro a mí misma alabando a Dios, y, a
través del ministerio de alabanza, vengo a conocerle a
El de maneras en que nunca antes Le conocí.

Esto es lo que Dios quiere decir con ofrecer *"sacrificio*

de alabanza". No es un sacrificio penoso. Este sacrificio es complaciente y aceptable al Señor y, también, para mí. Me encuentro a mí misma en la presencia del Señor, no con las palabras trabadas, pero con afluencia, efervescencia, no pudiendo contenerme a mi misma.

Las palabras vienen fácilmente: "Eres tan maravilloso, Jesús. ¡Cuán deleitable eres Tú! Tú eres hermoso, mi Amado, tan hermoso".

Necesitamos leer el libro de los Salmos e internar su vocabulario en nuestra alma, hacer nuestro su contenido. Necesitamos leer el Cantar de los Cantares y permitir a Dios causar que nuestra lengua se convierta, como dice la Escritura, en *"pluma de escribiente muy ligero"* (Salmo 45:1), una pluma que empiece a escribir y declarar las alabanzas del Señor. Dios desea que tengamos ese fluir del Espíritu en nosotros, de manera que no nos quedemos ahí callados.

Cuántas veces deseamos oír Su voz. Pero en el Cantar de los Cantares, el novio le dice a la novia: "Quiero ver TU rostro. Yo quiero oír TU voz". Dios nos ha dado una voz para ser levantada en alabanza a El. Si no tenemos nada más que ofrecerle, tenemos esa maravillosa voz.

Una vez estuve en un accidente automovilístico. Tengo un pequeño hoyuelo en la quijada que me lo recuerda. Mi mandíbula me dolía mucho como para no hablar por un par de días. Yo oía a la gente decir: "Es lo mismo, puedo alabar a Dios por dentro". Yo descubrí que no era lo mismo. Hasta esa entonces no había podido refutarles y decirles que era lo mismo o que no era lo mismo. Pero, cuando tuve esa experiencia de no poder alabarle en voz alta, de pronto supe que no era lo mismo.

Existe una libertad que viene de poner tu alabanza en palabras audibles. Libera al río de Dios para fluir fuera de ti, mientras abres tu boca, y empiezas a declarar la bondad del Señor en la tierra de los vivientes, declarando el milagro del Señor, declarando la sanidad del Señor, declarando la victoria del Señor, declarando la novedad del Señor, usando tu voz como una trompeta, haciendo sonoras las bendiciones del Señor.

Mientras más declaras Sus bendiciones, más tienes para declarar. Mientras más hablas de Su bondad, más tienes para hablar.

> *Las misericordias de Jehová cantaré perpetuamente;*
> *De generación en generación haré notoria tu fidelidad con mi boca.*   Salmo 89:1

Yo las daré a conocer, voy a usar esta voz, y la voy a usar para el reino de Dios. La usaré para la gloria de Dios, alabándole.

> *Bienaventurados los que habitan en tu casa;*
> *Perpetuamente te alabarán. Selah.*   Salmo 84:4

No nos cansemos de alabarle. Alabaremos *"perpetua-*

mente" al Señor. Yo quiero ser contada entre los que le alabarán *"perpetuamente"*. No estaré entre los criticones o los murmuradores.

Una vez, cuando nuestros amigos fueron a Egipto, la hermana Susan volvió con una revelación maravillosa. Ella dijo: "Ruth, de pronto supe que el espíritu de murmuración es el espíritu de Egipto". Ese espíritu todavía existe ahí hasta el día de hoy. Dios no desea que tengamos ese espíritu de Egipto sobre nosotros de ninguna manera. El quiere que seamos como los ejércitos del cielo. Ellos le alaban. Nosotros tenemos una razón mayor para alabarle. Hemos sido redimidos por la sangre preciosa del Cordero. Sin embargo, ellos están en Su presencia continuamente, y nunca cesan de darle alabanza, día y noche.

Para mucha gente, es difícil, en su joven espiritualidad, entender el verso que habla de la alabanza continua. En medio de nuestras muchas actividades, hay momentos en que conscientemente alabamos y adoramos. Pero, una vez que nos internamos en la alabanza y la adoración, aún cuando estemos trabajando, hay un fluir inconsciente de alabanza que asciende hacia Dios. Aún cuando estás durmiendo, hay una alabanza y una adoración inconsciente. Alguien podría oírte en la noche hablando en otras lenguas. No es que seas tan espiritual, porque no implica un esfuerzo de su parte.

Tan involuntariamente como respirar, hay un ámbito en Dios de alabanza perpetua. Tú conoces la fidelidad del Espíritu Santo, que El, el Espíritu dentro nuestro, ha tomado posesión, y alaba, aún en los momentos de ansiedad. En un nivel, tú estás preocupado por la situación próxima a ti. Y cuando, de pronto, te miras a ti mismo, miras que mientras en este nivel, tú has estado preguntándote por la solución al problema, y has estado ansioso, en otro nivel el Espíritu Santo ha estado cantando una canción a través de ti. Has estado cantando todo el tiempo, sin saber, siquiera, que estabas cantando.

Cuando, de pronto, te oyes cantando, te das cuenta que el Espíritu Santo estaba alabando, el Espíritu Santo no estaba preocupado. El Espíritu Santo, dentro de ti, estaba en paz. Esa dimensión de alabanza estaba totalmente en control. Sólo necesitaste permitir que ese lado natural marchara y que el Espíritu se manifestara y se elevara en alabanza.

> *Sobre tus muros, oh Jerusalén, he puesto guardas, todo el día y toda la noche no callarán jamás. Los que os acordáis de Jehová, no reposéis.*
>
> Isaías 62:6

Me gusta esto. ¿Ves el contraste en el verso? Por un lado, hay una intensidad: *"no callarán jamás"*, *"no reposéis"*. Persistan en ello. Háganlo todo el tiempo. Por el otro lado, hay algo sencillo de hacer: *"los que os acordáis de Jehová"*.

Oímos la expresión: "Necesitamos bombardear el cielo con nuestras peticiones". Dios dice: *"no callarán jamás los que se acuerdan de Jehová"*. Hay una suave libertad en ello. Es esa canción del Señor, esa alabanza del Señor, no un duro esfuerzo de oración.

Hacemos de la oración algo tan duro que todos necesitamos ser "Atlas" o "Supermanes" espirituales. Eso no es necesario. Tan sólo acuérdate del Señor. Di, "Jesús, Tú eres tan maravilloso. Bendito sea el nombre del Señor". Sólo sigue cantando, sigue alabando.

Y, si despiertas en la noche, en vez de sentirte angustiado y turbado, puedes cantar.

> *Ni le deis tregua* [a Dios], *hasta que restablezca a Jerusalén, y la ponga por alabanza en la tierra.*
>   Isaías 62:7

Dios ha escogido a Jerusalén, y en Su deseo nada hay más grande para la Ciudad Santa que ponerla por alabanza, y ponerla por alabanza en toda la tierra. Eso es lo que Dios desea de ti y de mí. A veces nuestras propias aspiraciones son muchas. Pero si fuéramos tan sólo un pilar de alabanza, una torre de alabanza, una alabanza en medio de la tierra, una alabanza en medio de la gente, Dios nos levantaría.

Poco tiempo después de haber empezado a sembrar hacia el cielo en Jerusalén, alguien nos señaló la verdad de Oseas 2:21-23.

> *En aquel tiempo responderé, dice Jehová, yo responderé a los cielos, y ellos responderán a la tierra;*

*Y la tierra responderá al trigo, al vino y al aceite, y
ellos responderán a Jezreel .*
*Y la sembraré para mí en la tierra, y tendré miseri-
cordia de Lo-ruhama , y diré a Lo-ammi : Tú eres
pueblo mío, y él dirá: Dios mío.*

La palabra *Jezreel* significa *"Dios siembra".* El Señor,
que se sienta en los cielos, oye lo que sembramos hacia
el cielo. El dice: *"yo responderé a los cielos, y ellos responderán a la tierra".* En respuesta, porque hemos
sembrado hacia los cielos, Dios siembra en la tierra. El
no es solamente el Cosechador, es el Sembrador. Nunca hemos tenido problemas en reconocerle a Dios como
el Cosechador, El es el Cosechador en Jefe de los campos. Sabemos eso. Lo que no sabíamos era que El es
también el Sembrador en Jefe. Pensábamos que habíamos hecho toda la siembra. ¡No! El es el Sembrador en
Jefe. Cuando me paro y empiezo a alabarle a El, estoy
sembrando hacia el cielo. En respuesta, la tierra está
recibiendo *"el trigo, el vino y el aceite"*, símbolos de avivamiento.

Algunos encuentran difícil de creer que ellos pueden
quedarse en casa alabando a Dios y, que, de esta manera, ayudan a traer un avivamiento a su comunidad. Tú
podrías afectar no sólo a tu comunidad al sembrar alabanza, puedes quedarte en un lugar y ministrar al Señor
y efectivizar un avivamiento hasta en los fines de la tierra. Siembra hacia el cielo.

Si no tenemos cuidado, las cosas que aprendimos

cuando éramos niños en Cristo, más tarde las aprenderemos "mejor". Por lo menos creeremos que las aprendemos "mejor". Abandonamos los primeros conceptos por verdades significativamente "más profundas". Entonces, Dios tiene que remecernos y recordarnos que El todavía desea la simplicidad que El ya nos ha enseñado.

Hace algunos años estaba en camino a Australia. Adquirí un pasaje especial en un vuelo de las Aerolíneas "Cathay Pacific" que salía de Londres y que iría por Hong Kong. Cathay Pacific había estado volando por años desde Hong Kong a Sydney y a Melbourne, Australia. De camino a Londres, sin embargo, vi la ruta de vuelos de Cathay Pacific en el bolsillo del asiento, y me sorprendí al ver que ellos volaban ahora desde Hong Kong a Perth. Volar directamente a Perth me ahorraría cuatrocientos o quinientos dólares. Pero, ¿estarían dispuestos a hacer un cambio en mi pasaje? Usualmente las aerolíneas rehusan hacer cambios en los pasajes comprados con descuento en el precio.

La hermana Alice Ford me estaba esperando en el aeropuerto de Hong Kong. "¿Qué tiempo tienes disponible?", ella preguntó.

"Bueno, si voy a Sydney, tengo cuatro o cinco horas. Pero, si voy a Perth, entonces puedo quedarme la noche. Espérame un momento, y déjame ver lo posible".

Cuando lo chequeé con la agente de la aerolínea, dijo: "Sí, estaremos gustosos de cambiarlo para que pueda volar a Perth".

Nadie en Perth sabía que llegaba, pero cuando llegué ahí, el pastor Don Rogers estaba muy complacido, y me preguntó: "¿Enseñarías tu para nosotros sobre la alabanza, la adoración, y la gloria por tres noches?" Estaba feliz de hacerlo.

Enseñé ahí tanto como lo hago ahora, volviendo a contar las experiencias que teníamos en Jerusalén. Después de un día o dos, el pastor me dijo: "Hermana Ruth, esto es lo que hemos aprendido: La manera en que lo hacíamos hace tres años, cuando fundamos esta iglesia, era la manera correcta. Lo estábamos haciendo de esa manera porque el Espíritu Santo nos estaba guiando. Después, en estos dos últimos años, habíamos aprendido ´mejor´. Dios la envió aquí para hacernos saber que la simplicidad con la que comenzamos era el camino del Espíritu. Todo lo que necesitábamos para recobrar el fluir del Espíritu era hacerlo como Dios nos había enseñado al principio".

NUNCA progresarás tanto en Dios que podrás descartar la alabanza. ¡NUNCA! Cuando oigas a alguien decir: "La alabanza es poco profunda", sabrás que esta persona necesita una revelación más profunda de la alabanza.

El Señor nos guía hacia ámbitos mayores, hacia capacidades mayores, habilidades mayores, destrezas mayores. El nos enseña como rendirnos mejor a El en todos nuestros miembros. Nos enseña cómo profunizarnos en la fe para la alabanza, cómo hacer de nuestra fe operante en el área de alabanza. (Así como tenemos nuestra fe operando cuando oramos por los enfermos o ministramos la necesidad de alguien, avanzamos un paso hacia nuevas áreas de alabanza en Dios). Pero, nosotros seguiremos alabándole por todas las edades sin fin de la eternidad. Nunca hiperdesarrollamos la alabanza. La alabanza es eterna, así como Dios lo es, y nosotros lo somos.

Nosotros podemos alabarle *"con el entendimiento"* en español, en francés o en inglés. En las reuniones del campamento, a veces tenemos cerca de treinta idiomas representados entre la gente. En Jerusalén, tenemos gente de más o menos cien naciones que vienen anualmente a alabar y adorar con nosotros. Qué maravilloso cuando todos nosotros podemos alabar a Dios juntos en nuestros idiomas de origen. Luego, Le alabamos en todas las bellas lenguas que el Espíritu da.

Daniel pudo ver en el futuro que todas las lenguas servirían a Dios (Daniel 7:14). Ellas Le sirven mientras hablamos palabras de alabanza y adoración.

Algunas personas tienen problemas en alabar a Dios con danza. Lo entiendo. Yo era una de aquellos que creen que danzar era bíblico pero estaba feliz que otros lo hacían por mí. En aquellos días, los años sesenta, sólo pocas personas danzaban en nuestra iglesia, mi mamá y otros dos o tres. El danzar no se había difundido como ahora. Siempre me cerré cuando el espíritu de regocijo estaba en medio nuestro.

Una de las cosas que se aprende en el trabajo de la iglesia es cómo mantenerse ocupada con "actividades

santas", "negocios santos". Yo siempre estaba en el piano o en el órgano. Yo estaba siempre fuera de la
posibilidad de danzar. Entonces, en un día de julio de
1965, el Señor me habló en lo que concierne al momento en que David volvió a Jerusalén danzando delante
del Señor. Cuando él regresó a la ciudad, trayendo el
arca de Dios, danzó a lo largo de todo el trayecto.

> *Fue dado aviso al rey David, diciendo: Jehová ha
> bendecido la casa de Obed-edom y todo lo que tie-
> ne, a causa del arca de Dios. Entonces David fue, y
> llevó con alegría el arca de Dios de casa de Obed-
> edom a la ciudad de David.*
> *Y cuando los que llevaban el arca de Dios habían
> andado seis pasos, él sacrificó un buey y un carne-
> ro engordado.*
> *Y David danzaba con toda su fuerza delante de
> Jehová; y estaba David vestido con un efod de lino.
> Así David y toda la casa de Israel conducían el arca
> de Jehová con júbilo y sonido de trompeta.*
> *Cuando el arca de Jehová llegó a la ciudad de Da-
> vid, aconteció que Mical hija de Saúl miró desde
> una ventana, y vio al rey David que saltaba y dan-
> zaba delante de Jehová; y le menospreció en su
> corazón.*   2 Samuel 6:12-16

El Señor me mostró que si quisiéramos traer el arca
de Dios, tendríamos que danzar también.

Después que David había devuelto exitosamente el

arca a su lugar, él recompensó a todos los hombres y mujeres que lo habían ayudado con un pedazo de carne, una rebanada de pan y una torta de pasas (2 Samuel 6:19). Así, se convirtió en el único en todas las Escrituras que haya alimentado a una nación.

Jesús alimentó a cuatro mil en una ocasión y a cinco mil en otra. Otras experiencias milagrosas son relatadas en las Escrituras en las que otros fueron alimentados. Sin embargo, nadie jamás, excepto David, pudo alimentar a una nación.

El Señor me dijo: "Si tú quieres alimentar a una nación, y si quieres darle triple porción, debes danzar". No me dijo que debía danzar para ser salva. No me dijo que tenía que danzar para ir al cielo. No me dijo que tenía que danzar para ser parte de lo que estaba pasando en la iglesia local. El me estaba haciendo saber que la danza trae una unción que alimenta naciones, el derramamiento del Espíritu de Dios. Si yo quería alimentar a las naciones con una triple porción, tenía que empezar a danzar.

Yo ya había estado por las naciones. Había servido al Señor en Hong Kong desde 1958 a 1962, había predicado en el Japón, Taiwán y la India. En la India, había predicado a multitudes. Ya había sido bendecida. Había sido testigo del avivamiento en cualquier lugar a donde había ido. Ahora, Dios me estaba hablando de una dimensión mayor del ministerio, un lugar más amplio, en el cual pararme en Dios.

¡Yo amo los desafíos del Señor! Debemos vivir por

los desafíos del Espíritu Santo. Algo en nuestra naturaleza humana hace que nosotros nos rebelemos cuando alguien nos da una buena sugerencia. Pero cuando el Señor nos habla, mejor escuchamos. También necesitamos aprender a ser tan receptivos con los siervos del Señor como lo somos con Dios. El siervo de Dios es la voz de Dios para nosotros en muchas circunstancias.

Esta era una palabra dura para mí. En realidad, tuve más lucha con esto que cuando el Señor me llamó para el pueblo chino a mis quince años. Dejar el hogar y la familia para ir a Hong Kong cuando tenía dieciocho años fue fácil en comparación de lo que Dios me estaba pidiendo hacer ahora.

El Señor se mantuvo pendiendo ante mí esa golosina espiritual: "Si tú quieres alimentar a una nación, debes danzar". El me habló de eso hacia principios de las reuniones del campamento ese año. Yo me decía en mi mente cada día que durante esa reunión yo iba a danzar. Las reuniones del campamento duraron como un mes entonces. Ahora continúan por diez semanas y medio. El primer día, yo esta tan consciente de mí misma, tan segura de que todos me miraban, de que todos podrían verme. En nuestras reuniones del campamento cada uno es tomado por el Espíritu de tal manera que difícilmente sabe lo que los otros están haciendo. Cuando el poder de Dios llega, cuando la unción cae, podrías pensar que cada ojo está sobre ti. Pero podrías perderte en la multitud fácilmente, aún si no hubiera una multitud. Hay una multitud de ángeles y de la unción. Y muchas cosas están pasando alrededor de ti.

El primer día no creo haber hecho más que mover mis dedos dentro de mis zapatos. Entiendo los problemas que otros tienen en esta área. A menudo digo cuando enseño a la gente: "Si no haces nada más que balancear tu peso de un pie a otro, ése es el principio". Pero cada día fui haciéndome a mí misma más asequible para danzar delante del Señor. Día a día, me sentí más y más libre. Al final del mes el Señor me habló a través de mi madre proféticamente. Ella no sabía lo que Dios me estaba diciendo. Nadie se había dado cuenta de que yo estaba tratando de danzar un poco. El Señor me dijo: "Voy a cambiar tu ministerio. Voy a enviarte a reyes, reinas, potentados y gente de posición, y les hablarás a ellos de Mí".

Yo creo que danzar trae una unción para las naciones. Nunca dejo pasar un día sin danzar. He danzado en los pequeños baños de los 707, 747 y DC10. ¿Cómo lo hago? Para arriba y para abajo.

Necesitas esa unción fluyendo en ti cada día, y danzar la trae. Si estás ministrando en algún lugar donde no tienes esa libertad, métete en algún cuarto privado y danza un poco ante el Señor. Si tú tienes esa danza en tus pies, tendrás una unción para alimentar con pan, carne y vino a las naciones.

Durante esa misma palabra profética, mamá vio en visión la palabra "Katmandú". No mucho después de ello, el Señor me mandó a Katmandú en Nepal, para hablar a la familia real sobre Jesús. (Esta historia y otras como ésta son para otro escrito). El Señor dijo que nos enviaría a alimentar a las naciones, y El ha sido fiel a esa promesa; pero ha venido a través de una unción para danzar. ¡Alabar en la danza es poderoso!

Hay ciertos conceptos de medio oriente que son ajenos a nosotros y que nos ayudan a entender a Dios. ¿Cómo fue que Salomé pudo obtener la cabeza de Juan Bautista? Su danza complació tanto al rey que estaba listo a darle cualquier cosa. Engatusada por su madre, ella pidió la cabeza de Juan. En este caso la danza fue utilizada en un sentido negativo.

En un sentido positivo, cuando nuestra danza y nuestra alabanza agradan al Rey, podemos obtener cualquier cosa que deseemos. La alabanza crea una atmósfera en la que ocurren milagros.

Cuando yo danzo, siempre siento la unción en mis pies, y yo sé que la promesa es que dondequiera que pisen las plantas de nuestros pies, la tierra es nuestra.

Todo lugar que pisare la planta de vuestro pie será vuestro,...   Deuteronomio 11:24

Puedo estar parada en América, y mientras la unción viene sobre mí, yo puedo danzar en el Espíritu alrededor de las murallas de Jerusalén. Yo danzo aquí por la Puerta de Damasco, y más abajo por la Puerta de Herodes, alrededor de la de San Esteban, y por la Puerta Bella, y por la Puerta del Muladar, y por la Puerta de Sion, y luego hacia arriba, hacia la puerta de Jaffa, otra vez por la Puerta Nueva, y vuelvo a la Puerta de Damasco. Yo puedo danzar alrededor de los muros de Jerusalén con pies ungidos, todo mientras me paro, y creo en Dios por la ciudad. De manera similar, he danzado de nación en nación. Encontré que, al danzar por las naciones en el ámbito del Espíritu, Dios le dará la oportunidad de danzar en ellas físicamente.

Soy miembro de la Junta Administrativa de la Escuela Bíblica Católica en Nutbourne, Chichester, West Sussex, Inglaterra. Joan y Michael Le Morvan son los fundadores y directores. Joan dijo: "Ruth, recuerdo la primera vez que te oí decir que habías danzado muchas veces por el mapa de Inglaterra, aún antes de jamás haber ministrado aquí. Pensamos que era la afirmación más extraña que jamás habíamos escuchado".

Bueno, extraño o no, lo hice. No puse literalmente un mapa bajo mis pies para danzar sobre él, pero conocía el perfil de Inglaterra. Muchas veces dancé por el Mar del Norte, de Escocia a Portsmouth, crucé las Islas Británicas y fui a Irlanda y País de Gales. Lo hice por la carga y la visión del Señor.

¿Es poderoso? Es poderoso. Puedes quedarte en tu pueblo natal y poseer las naciones. Danzar es una de las formas más efectivas de hacerlo. Dios te dará toda la tierra en la que tú pises por El. Nuestros pies están ungidos para poseer. Muchas iglesias tienen marchas de Jericó. Bueno, es tan sólo una marcha de Jericó en el Espíritu cuando la construcción no es visible ahí.

Por momentos, Dios me ha tomado en el Espíritu y

he danzado alrededor de la Casa Blanca, hacia arriba por un lado de la calle y hacia abajo por el otro, y hacia atrás, y adelante. Tú puedes hacerlo también. Vé por la avenida Pennsylvania, y por la Calle Dieciséis, y atrás rodeando el Mall. Tú, de esta manera, recogerás bendiciones y victorias para nuestra nación.

De modo parecido, he danzado por el Palacio de Buckingham, por el número 10 de la calle Downing y por las Casas del Parlamento en Londres. He danzado en la Plaza Roja, alrededor del Kremlin (para la liberación de los judíos soviéticos de Rusia) y alrededor de las Alemanias (por su reunificación). Mientras lo hacía, recordé la visión que mi querida amiga, Debbie Kendrick, había recibido, ocho o nueve años antes, en lo concerniente a la reunificación y la palabra de profecía que ella había dado concerniente al mismo punto. Yo he danzado por la Casa de Estado y los Sitios de Gobierno de nación tras nación. Raro es el día en que yo no dance en todos los continentes mayores.

Hay poder en la danza. Hay una unción para las naciones. Verás que tendrás una unción para nutrir a las naciones mientras empiezas a danzar más delante del Señor. No dejes pasar un día en que no dances. Alaba a Dios en la danza. Deja esa unción ir de tu cabeza hasta la planta de tus pies. ¡Alaba a Dios en la danza!

¡La alabanza es un poderoso instrumento de cosecha!

La alabanza: celebración

What Glorious Days

Words and Music by Ruth Heflin

What glorious days these days... are, be.. fore the coming of the
Lord. What glorious days these days...... are, before the coming of the
Lord. What glorious days these days....... are, before the coming of the
Lord. What Glo........ry! What Glo.....ry! Before the coming of the Lord.

Ciertamente volverán los redimidos de Jehová;
volverán a Sion cantando, y gozo perpetuo habrá
sobre sus cabezas; tendrán gozo y alegría, y el
dolor y el gemido huirán.

Isaías

El Señor tuvo que cambiar mucho de mi pensamiento. Todos nosotros creemos tener la manera correcta de pensar. Pero Dios está trabajando en todos nosotros para cambiar nuestro pensamiento. Tenemos tantas concepciones erradas, y Dios está trabajando para borrarlas.

Yo empecé a danzar en 1965, y no fue hasta 1972 en que fuimos a vivir a Jerusalén. Recuerdo a una joven que me decía con relación a la danza: "A veces, cuando danzamos en nuestra iglesia, nos acercamos y tomamos la mano de alguien, y danzamos con ellos".

Yo pensé: "¡Qué herejía! Imagínense acercarse y...".

Nosotros danzábamos delante del Señor individualmente. Dios nos había liberado un poco, pero todavía yo no me hubiera acercado y tomado la mano de nadie para danzar juntos delante del Señor. Me hubiera parecido demasiado "terrenal".

En 1971, después de ministrar proféticamente al Emperador Haile Selassie, volé de Etiopía a Jerusalén por un par de semanas vía Bután para ser la invitada del rey ahí. Vi un aviso de un "ulpan", un curso de lenguaje hebreo, por veinte días durante las principales festividades Rosh Hashana, Año Nuevo, Yom Kippur, el Día de la Redención, Succot, la Fiesta de los Tabernáculos, y Simhat Torah, el Día del Regocijo por la Ley. Susan y yo nos inscribimos en el Ulpan Akiva en Netanya, donde el director es Shulamit Katznelson.

No aprendí mucho hebreo en veinte días, pero fue una introducción a Israel. Los viernes por la noche, cenábamos todos juntos. Se llamaba "Oneg Shabbat" que significa "el placer del sabático". Los judíos dan la bienvenida al sabático como darían la bienvenida a un invitado o a una reina. Con la bienvenida del sabático, venían las danzas, los cantos y la alegría.

Después que habíamos tomado la sopa, canciones hebreas merodeaban la mesa. La gente cantaba tan exuberantemente, y yo me preguntaba: "¿Qué significa esto? ¿Qué están diciendo?" Me imaginé que sería una canción popular, la última del "hit parade". Descubrí que cantaban canciones como: *"Sacaréis con gozo aguas de las fuentes de la salvación"*, *"Alegraos con Jerusalén, y gozaos con ella, todos los que la amáis"*, y *"Sobre tus muros, oh Jerusalén, he puesto guardas; todo el día y toda la noche no callaran jamás"*. Entre plato y plato, más canciones se cantaban.

De pronto, cada persona puso su brazo alrededor de

la persona de al lado y cantaban: *"Mirad, cuán bueno y delicioso es habitar los hermanos juntos en armonía"*. Y todos se mecían juntos de atrás para adelante.

Al final de la comida, después de que nos habían servido el postre y café (al estilo europeo), cada uno se levantó para danzar. Nuevamente imaginé que ellos danzaban una canción popular, la número diez de la lista de "hits". Pero, estaban cantando de las Escrituras, y estaban danzando de las Escrituras. Y, también, estaban juntando sus manos mientras danzaban.

Me sentí tan encantada de haber tenido libertad para danzar antes de ir a Israel. Ahora, todo lo que tenía que hacer era entrar en aquello de tomarse la manos y danzar con alguien delante del Señor. También, esta danza era más espontánea que a la que yo estaba acostumbrada. Me sobrepuse a mis ideas, me acerqué, y tomé las manos de la gente, y entré en ese regocijo.

El siguiente año fuimos a Jerusalén a vivir con nuestro grupo de jóvenes, y teníamos servicios durante cuatro noches a la semana en el Monte de Sion. Danzábamos libremente durante esos servicios y durante nuestras reuniones de oración. Nunca tuvimos un instructor israelí que nos enseñara ninguna de las danzas judías, pero el Espíritu Santo nos enseñó.

Estábamos en una reunión de oración un día, yo estaba hablando de China, China estaba totalmente cerrada todavía. Dios nos dio una palabra profética y nos dijo que El abriría una puerta a China. Estábamos tan entusiasmados por la palabra profética que saltamos y danzamos. Uno de los jóvenes, sin que nadie se lo pidiera (y luego nos dimos cuenta qué había pasado) puso sus manos hacia arriban como cuando los niños juegan "el puente se va a caer, a caer...", alguien más puso sus manos en el otro lado para formar una puerta. Dios había dicho que El abriría la puerta a China, y, antes de darnos cuenta, todos estábamos danzando a través de la puerta abierta.

Cantábamos un simple refrán: "La puerta a China se abre" o tal vez: "Puerta abierta, puerta abierta" mientras alabábamos al Señor juntos y danzábamos a través de la puerta. ¡Qué extasiados estábamos!

Y, si una puerta es maravillosa, dos son aún mejor. Alguien más hizo otra puerta. Entonces, de pronto habían muchas puertas por las que podíamos danzar.

Unas semanas más tarde llegó el Día de la Independencia, uno de mis tiempos favoritos en Israel. Es en Mayo. Algunas de las calles principales son bloqueadas y todos danzan en las calles. Hay plataformas altas cada una o dos cuadras con una pequeña banda y música muy alta. La música es toda de las Escrituras. Las calles se repletan de los que celebran.

Nosotros estábamos ahí regocijándonos con los judíos (tanto israelitas como judíos del extranjero), así como con los turistas, en el milagro de Israel. Danzábamos la *hora* (la danza en círculo), cuando uno de los jóvenes gritó: "Hermana Ruth, mire aquí. Mire a esos soldados. Ellos están danzando nuestra danza ´de la puerta´".

Yo miré y, en verdad, ellos estaban llevando a cabo

la misma danza. Nosotros la llamamos "la danza de la puerta" por la manera en que Dios nos la dio. Pero resultó ser una danza tradicional judía. Nunca les habíamos visto llevarla a cabo. El Espíritu Santo nos había enseñado.

Otra mañana, en la reunión de oración, el Señor nos dio una palabra sobre el regocijo. Uno de los jóvenes puso su mano hacia adentro como en el centro de una rueda. Rápidamente otros pusieron su mano en ese centro formando los radios de una rueda. Como no había mucho espacio para que todos pusieran sus manos como radios, cada uno puso su mano libre alrededor de la persona de a lado. Danzamos y nos regocijamos por un tiempo juntos en esta "rueda", como una rueda dentro de otra rueda que vio Ezequiel.

Como una semana más tarde, uno de nuestros hermanos que vivía en Askelon, vino muy entusiasmado: "Hermana Ruth", dijo, "Cuando regresé a Askelon, fui a la sinagoga Yemenite, y ¿adivine qué? Ellos estaban danzando nuestra misma danza de la rueda. Fui hacia ellos y les pregunté: ´¿Tiene esta danza algún significado?´"

Ellos dijeron: ´Sí, esta es la danza nupcial de la victoria´".

El Espíritu Santo nos había enseñado esa danza, y nosotros danzábamos y danzábamos enseñados por el Espíritu del Señor.

No es malo acercarse y tomar la mano de alguien y danzar con él, tanto como no es malo danzar solo. Lo esencial es que necesitamos alabar al Señor en la danza. Hay una gran unción en danzar delante del Señor.

Yo he danzado delante del Señor en las calles de Moscú, como en la gran muralla China. Yo he danzado delante del Señor en las calles de todo el mundo. Hay una unción para las naciones, una unción para proveer una triple porción.

Cuando David se iba, saltando y danzando delante el Señor, su esposa lo menospreció. Pudiera haber algunos que te menosprecien a ti. Cuando fuimos por primera vez a Jerusalén, éramos los únicos cristianos en la cuidad que danzaban. Algunos amigos se burlaban de nosotros. Nos llamaban: "las vírgenes danzantes del Monte de Sion". No nos molestaba. Mientras que ellos nos estaban criticando, nosotros estábamos siendo bendecidos.

Los judíos jamás nos criticaron. Ellos no tenían ningún problema con danzar. Todos ellos danzan. El alcalde de Jerusalén, Teddy Kollek, danza públicamente delante del Señor durante la Fiesta de los Tabernáculos. El octavo y último día es día de Asamblea Solemne y es llamado "Simhat Torah", que quiere decir "el día de regocijo en la ley". Salimos al parque Liberty Bell. Ahí, a dignatarios, jefes rabinos, y líderes de la ciudad, se les da el honor de danzar dos o tres veces, llevando el rollo del Torah (las Escrituras en un rollo), en uno de los círculos. Mientras estos grandes hombres danzan en la plataforma, el resto de nosotros danza y goza de un momento maravilloso en el parque.

En razón de que permanecimos fieles a esta libertad, y no retrocedimos cuando las críticas llegaron, difícilmente hay un grupo en la ciudad que no dance ahora. Aquellos que una vez nos criticaron, suben a grandes plataformas en el mundo entero, y danzan delante del Señor. Nosotros no hicimos caso de las críticas, y vimos a Dios cambiar las cosas. Todos ellos están danzando delante del Señor ahora y alabando Su nombre.

¿Por qué es esto importante? Porque Dios es un Dios de celebraciones, y debemos ser un pueblo que celebra. No es sino hasta estos últimos años que la palabra "celebración" se ha hecho parte de nuestro vocabulario en los círculos carismáticos. Me siento feliz. El Dios que servimos es un Dios que celebra.

Los que visitan a Jerusalén, empiezan a hacerse más conscientes de este hecho. Dios ama las festividades. Es por eso que ha dado tantas a los judíos. Cada dos meses, hay otra razón para regocijarse delante del Señor, otro maravilloso día de fiesta. El lo ha planeado todo en Su calendario. Y lo que El ha planeado es tan bello.

Para los cristianos, Jerusalén es una ciudad de procesiones. En días importantes de festividades cristianas (especialmente la navidad, domingo de ramos, y la pascua), miles de creyentes llenan las calles en procesiones, cantando, regocijándose, y llevando pancartas, celebrando al Señor.

Has cambiado mi lamento en baile;
Desataste mi cilicio, y me ceñiste de alegría.
Por tanto, a ti cantaré, gloria mía, y no estaré ca-
llado.
Jehová Dios mío, te alabaré para siempre.

Salmo 30:11-12

La primera vez que vi a danzantes adiestrados adorando delante del Señor fue en la iglesia de la hermana
Charlotte Baker, El Templo del Rey en Seattle, Washington. Las jóvenes, vestidas con sencillez, danzaban de
arriba a abajo por los pasillos, inteligentemente sin obs-
truir, mientras la congregación alababa y adoraba al
Señor audiblemente. Nunca puedo oír el coro *"Salve,*
Rey Jesús", sin recordar la gloria de aquella mañana.

Mi amiga, Mary Jones, una encantadora miembro de
la iglesia episcopal de Sydney, Australia, es directora
de la Hermandad Internacional de la Danza.

Quizás uno de los mejores ejemplos de este tipo de
danza hacia el Señor puede verse, año a año, en la
celebración cristiana de la Fiesta de los Tabernáculos,
auspiciada por la Embajada Cristiana en Jerusalén. La
adoración es coreografiada y dirigida por la hermana
Valerie Henry y por el hermano Randall Banes.

Así, como hay canto congregacional y un coro de música, así hay danza congregacional y danzantes
adiestrados. Los dos son válidos para la gloria de Dios.

Más y más, las danzas y canciones hebreas están viniendo al Cuerpo de Cristo, trayendo un incremento en la unción.

Si alguno de ustedes tiene problemas con danzar, deshazte de eso hoy. Permítele a Dios darte una unción para danzar. Y, para aquellos que han danzado, pero quizás no el han dado el énfasis que debería tener, deja que Dios te ensanche. Resuélvete a danzar delante del Señor con todo tu poder, con toda tu fuerza. Alaba al Señor en la danza.

¡Celebra la presencia del Señor!

La alabanza: un arte militar

Come And Let Us Sing

Words and Music by Ruth Heflin

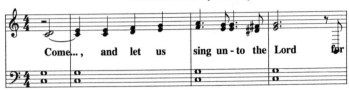

Come..., and let us sing un-to the Lord for

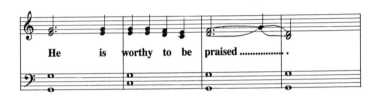

He is worthy to be praised.................. .

Come ...., and let us sing un-to the Lord, for

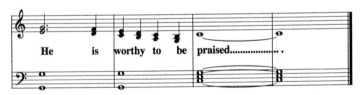

He is worthy to be praised.................. .

Y habido consejo con el pueblo, puso a algunos que cantasen y alabasen a Jehová, vestidos de ornamentos sagrados, mientras salía la gente armada, y que dijesen: Glorificad a Jehová, porque su misericordia es para siempre.

Y cuando comenzaron a entonar cantos de alabanza, Jehová puso contra los hijos de Amón, de Moab y del monte de Seir, las emboscadas de ellos mismos que venían contra Judá, y se mataron los unos a los otros.

Porque los hijos de Amón y Moab se levantaron contra los hijos del monte de Seir para matarlos y destruirlos; y cuando hubieron acabado con los del monte de Seir, cada cual ayudó a la destrucción de su compañero.

Y luego que vino Judá a la torre del desierto, miraron hacia la multitud, y he aquí yacían en tierra muertos, pues ninguno había escapado.

Crónicas

El levantar las manos es una de las más poderosas maneras de ministrar alabanza que tenemos. Es tan poderoso como danzar. Dios dijo:

Quiero, pues, que los hombres oren en todo lugar, levantando manos santas, sin ira ni contienda.

1 Timoteo 2:8

Cuando estoy ante el Señor en Jerusalén, yo no mantengo mis manos a "media asta". Yo las pongo en alto, porque necesito la fuerza que viene de lo alto. A veces no necesitamos decir nada. Tan sólo necesitamos pararnos con nuestras manos levantadas, y el hecho mismo de estar en la presencia de Dios con nuestras manos levantadas es, en sí mismo, una poderosa declaración.

Cuando la lucha se ardía, y Moisés tenía sus manos levantadas, la batalla se desenvolvía a favor de Israel. Pero, cuando sus manos empezaban a decaer, la batalla se tornaba en contra de Israel. Aarón y Hur vieron esto y se precipitaron al lado de Moisés para sostener sus manos en alto, hasta que Israel hubiera prevalecido.

> Y sucedía que cuando alzaba Moisés su mano, Israel prevalecía; mas cuando él bajaba su mano, prevalecía Amalec.
> Y las manos de Moisés se cansaban; por lo que tomaron una piedra y la pusieron debajo de él, y se sentó sobre ella; y Aarón y Hur sostenían sus manos, el uno de un lado y el otro de otro; así hubo en sus manos firmeza hasta que se puso el sol.
> Exodo 17:11-12

En noviembre de 1987, estaba orando en Jerusalén cuando vi una visión de Moisés con sus manos levantadas. Y vi el poder que prevalecía manifestado. Luego, el Señor rápidamente me llevó a la próxima generación, y vi a Josué liderando a los israelitas contra los amorreos. Israel tenía todo lo que necesitaba para ganar la batalla, excepto TIEMPO. De repente, la fe cayó en el espíritu de Josué para hacer algo, para lo cual no había precedente, de tal manera que hubiera tiempo para ganar. El mandó tanto al sol como a la luna a que se detuvieran.

Entonces Josué habló a Jehová el día en que Jehová entregó al amorreo delante de los hijos de Israel, y dijo en presencia de los israelitas:
Sol detente en Gabaón;
Y tú, luna, en el valle de Ajalón.
Y el sol se detuvo y la luna se paró,
Hasta que la gente se hubo vengado de sus enemigos.
¿No está escrito esto en el libro de Jaser? Y el sol se paró en medio del cielo, y no se apresuró a ponerse casi un día entero.
Y no hubo día como aquel, ni antes ni después de él, habiendo atendido Jehová a la voz de un hombre; porque Jehová peleaba por Israel.

Josué 10:12-14

Dios me dijo que quería que yo fuera a Manila, Filipinas, para ponerme en la posición de interceder con manos en alto por la presidenta Corazón Aquino, y que quería que yo diera mandato al tiempo a su favor. Una semana después de haber llegado a Manila, había una foto de ella en la revista Time con el título *"Orando por tiempo"*. Dios le había enviado ayuda a ella. Una semana más tarde, gracias a la bondad de la suegra de ella, Doña Aurora Aquino, me senté frente a la presidenta en su oficina del Palacio de Malacañang, tomé su mano, y le ministré proféticamente. Dios, en Su gracia, le había concedido tiempo, y las Filipinas experimentan un glorioso derramamiento del Espíritu Santo.

Demasiado a menudo la alabanza es ensenada como manera de recibir respuesta a nuestras oraciones, pero es mucho más poderoso que eso.

Yo sé que funciona en esa dimensión. Cuando éramos niños nunca se nos dijo sobre las necesidades en casa o las necesidades en la iglesia. Sabíamos que algo estaba pasando. Mamá diría: "No voy a atender el teléfono hoy día. No voy a atender la puerta hoy día. Si alguien desea verme, no estoy disponible. (Usualmente ella siempre estaba disponible). Voy a alabar al Señor todo el día". A lo largo del día, ella iría por la casa con sus manos en alto, alabando al Señor. Más tarde, cuando la victoria llegaba, cuando la respuesta llegaba, la oiríamos decir: "Dios ha forjado una maravillosa victoria".

Cuando ella pasaba el día alabando, nosotros sabíamos que había una gran necesidad. Ella sólo recurría a ello en último extremo. Pero en último extremo siempre funcionó. Aparte de hacerlo en último extremo, la alabanza es poderosa en el avance del reino de Dios.

Tus alabanzas cambian la atmósfera. Tus alabanzas pueden cambiar la atmósfera en tu casa. No todos nosotros vivimos en casas donde todos son llenos del Espíritu, y a veces tú tienes que contender con atmósferas que no son correctas. Si quieres cambiar esa atmósfera, tan sólo alaba al Señor. Tu alabanza penetrará en el lugar con la fragancia del Señor y cambiará la atmósfera de tu hogar.

De la misma manera, tus alabanzas pueden cambiar la atmósfera en el lugar donde trabajas.

¿Quieres cambiar la atmósfera en tu iglesia? Deja de criticar, murmurar, y quejarte. Llega a la iglesia temprano y alaba. Quédate atrás un poco después y alaba un poco más. A menudo aquellos que están a cargo están tan preocupados como tú por las diferentes situaciones, pero no saben cómo cambiarlas. La alabanza cambia la atmósfera. Ve a tu iglesia, y cambia la atmósfera, llenándola con la alabanza de Dios.

Hace algunos años, acababa de regresar a casa en Jerusalén luego de ministrar en Australia. En una de nuestras reuniones diarias de oración, María Deans, una hermana de Poona, India, tuvo una visión. Ella vio una línea partiendo de Jerusalén hacia la mitad de la costa noroccidental de Africa, continuando hasta el medio de la costa oriental de América del Sur, y, luego, procediendo hacia arriba hasta la costa oriental de los Estados Unidos, al estado de Virginia, donde las reuniones del campamento pronto comenzarían.

Y aunque no tenía intenciones de dejar Jerusalén tan pronto, sabía que Dios había trazado un itinerario para mí. Estaba acostumbrada a esto, ya que Susan y yo habíamos viajado por visión y revelación por todo el mundo por años antes de que nos radicáramos en Jerusalén, y los nuestros habían hecho lo mismo.

Yo telefoneé al hermano Ade Jones y a su esposa, pastores de la iglesia Betel, en Freetown, Sierra Leona, para preguntarles si ellos podrían usar mi ministerio ahí por una semana. Ellos habían estado con nosotros muchas veces en Jerusalén. Me dijeron que fuera. Yo llegué a Freetown en medio de la noche para un "tratamiento especial con alfombra roja". Literalmente la alfombra roja fue desenrollada ante el avión. Nos presentaron ramos de flores y habían dignatarios ahí para darme la bienvenida. Y la congregación estaba allí cantando canciones de bienvenida. Era emocionante.

Cuando los llamé, no hice estipulaciones. Solamente quería ser una bendición, y estaba dispuesta a ministrar en cualquier capacidad que ellos desearan. Me sorprendí al saber que ellos habían rentado el auditorio municipal. Noche tras noche, estaba programada. El alcalde y su esposa concurrieron, como también la esposa del presidente y su familia. Hubo una tremenda respuesta al Señor por parte de la gente. Comprendí que era la primera reunión en que Freetown fuera tan tocada por el poder de Dios.

Luego, partí de Freetown hacia Lagos en Nigeria y a Río de Janeiro en Brasil. Me registré en el hotel de la playa frente a Copacabana, y me fui a dormir. Al siguiente día, fui a la cima de la montaña, donde alabé, adoré y profeticé con las manos en alto a Río de Janeiro y a todo el Brasil, consciente de que Dios estaba cambiando la atmósfera en la ciudad y en la nación. Regresé al aeropuerto, donde abordé el avión hacia Miami y a Richmond, Virginia.

El jueves, llamé a mi amigo, John Lucas, pastor en Calgary, Canadá. Le dije lo que había acabado de hacer. Me dijo que él sabía por qué lo había hecho. El evangelista Morris Cerullo estaba teniendo una gran acometida evangelística en el Brasil. Fue catalogada como el cuarto evento más grande dentro de la comunicación en América ese año. Tuvo una transmisión vía satélite hacia diez estadios en el Brasil y como a sesenta o setenta auditorios en los Estados Unidos y Canadá.

Inicialmente, él quería conducir la reunión en Sao Paulo porque la atmósfera espiritual en esa ciudad era mejor que en Río. Pero, por razones técnicas, tuvo que llevar a cabo la reunión en Río. Esto era el jueves. Yo había estado en la cima de la montaña el martes, y la reunión iba a empezar el sábado. Dios había tenido cuidado por la atmósfera espiritual de la ciudad de Río de Janeiro.

Oí de la esposa de un pastor del área de Detroit que decía que el poder de Dios era tan evidente mientras ella miraba la cursada que se halló a sí misma postrada en el piso por el poder del Espíritu Santo. Nosotros somos *"colaboradores suyos"* (2 Corintios 6:1).

Tu voz es un poderoso instrumento de guerra. Tú puedes traer la gloria a cualquier lugar en el mundo por medio de tu voz. Comienza a alabar, y, en un momento, tú oirás la gloria en tu voz. Y llenará la habitación.

Todos nosotros hemos estado en reuniones que eran habitualmente simples hasta que alguien dio una pala-

bra profética o habló de alguna otra manera ungida. La
gloria llegó a la habitación por aquella voz y cambió la
vida de la gente. Y fue diferente a partir de entonces.

Bendeciré a Jehová en todo tiempo;
Su alabanza estará de continuo en mi boca.
En Jehová se gloriará mi alma;
Lo oirán los mansos, y se alegrarán.
Engrandeced a Jehová conmigo,
Y exaltemos a una su nombre.   Salmo 34:1-3

Otro aspecto de la alabanza que es muy poderoso y
que necesitamos utilizar más y más es el canto. Hace
algunos años, Dios empezó a hacer algo nuevo entre
nuestros hermanos en Jerusalén en este respecto. El
empezó a darnos una nueva canción. Ahora, sucede en
todo el mundo. Oigo mensajes en muchos círculos con-
cernientes a cantar una nueva canción al Señor.

El Señor nos habló, y nos dijo que le cantáramos una
nueva canción. Nosotros no sabíamos realmente lo que
El quería decir. Pero cuando Dios nos habla, y no
entendemos, El continua diciéndolo hasta que enten-
damos. O El envía a alguien más para decirnos la misma
cosa, hasta que ésta empieza a surgir en medio del pueblo.

Dios es muy persistente. El puede tener el mismo
mensaje por un largo tiempo. Si estamos oyendo el mismo mensaje una y otra vez, es, tal vez, porque no hemos
podido pisar en ese terreno firmemente todavía. El Se-

ñor se moverá rápidamente a algo más si captamos rápidamente lo que El está diciendo.

El continuó diciéndonos que cantáramos una "nueva canción". No estábamos seguros si El quería decir cantar con un diferente ritmo, cantar con una melodía diferente, o cantar con un estilo diferente. No sabíamos lo que El quería decir. Ninguno de nosotros era particularmente talentoso en la música. Un día, mientras alabábamos, empezamos a cantar una pequeña canción que nunca antes habíamos oído, aprendido, o memorizado. Simplemente la cantamos de nuestros espíritus espontáneamente. Hay mucho más en nuestros espíritus, con lo cual bendecir a las naciones, que lo que jamás pudiéramos utilizar si vamos a permitir que esto sea liberado en Dios. Todavía le estamos pidiendo a Dios que nos llene mas. "Llénanos, llénanos".

El nos esta diciendo: "Comparten lo que tienen. Comparten lo que tienen".

"Señor, lo comparto si tengo algo para compartir", decimos.

Ya está ahí, pero porque tu fe no está trabajando en esta área, no le das libertad de fluir.

Cuando Dios nos está llevando a algo nuevo, nos sentimos inseguros de nosotros mismos, y vamos despacio. Metemos nuestros dedo del pie en ello, y lo volvemos a quitar, entonces lo metemos otra vez para probar el agua. Dios nos bendijo cuando cantamos espontáneamente. Al principio, sólo lo hicimos en nuestras reuniones de oración en Belén. Cuando estábamos en la iglesia, en el Monte de Sion, conducíamos el servicio como acostumbrábamos a hacerlo.

El Señor nos dijo: "¿No pueden confiar en Mí? Si pueden cantar espontáneamente en la reunión de oración, ¿por qué no pueden cantar espontáneamente en el Monte de Sion?"

"Pero, Señor", dije "la gente viene de diez millas de camino para estar en un servicio. No queremos cometer errores en frente de ellos. ¿Qué si no funciona?" Personalmente, me gusta un tartamudeo o un balbuceo ocasional en un servicio. Cuando somos demasiado pulcros, puede ser porque lo hayamos hecho de esa manera muchas veces. Lo estamos haciendo de rutina, y carece de frescura. La vacilación indica que la gente se está moviendo a un territorio nuevo, llegando ahí por revelación del Espíritu Santo.

El nos insistió hasta que empezamos a cantar espontáneamente también en los servicios regulares. Desde entonces, no hemos mirado hacia atrás. Cantamos espontáneamente en nuestros servicios. El Espíritu Santo nos enseña de esta manera.

¿Cómo fue que David obtuvo esa riqueza de material que llamamos el libro de los Salmos? Lo cantó. Lo oyó por primera vez cuando salió de sus labios. Oímos la nueva canción por primera vez cuando le damos voz a una unción profética. Es la canción profética del Señor que está fluyendo. David no se sentó y pensó en cada Salmo, compuso la música, y luego puso las palabras y la música juntas. Su lengua se hizo *"la pluma de escribiente muy ligero"*, mientras empezó a alabar a su Señor.

Y, en razón a la versatilidad de experiencia que tuvo David en Dios, también tuvo versatilidad de experiencia en el canto. Porque la vida le trajo diferentes tipos de pruebas, pudo cantar acerca de sus enemigos. El pudo cantar acerca de sus alegrías. El pudo cantar acerca de sus triunfos.

En el exterior de la capilla griega en Belén, donde oramos las mañanas de los viernes y los sábados por algunos años, teníamos un gran rótulo: **REUNION PENTECOSTAL DE ORACION de 8 a 12**. Después de poco, ese rótulo me avergonzó. Pensé: "Realmente ya no oramos más". Habíamos vivido, haciendo oraciones de petición con afán y dolor, y practicando la intercesión. Y ahora, pasábamos la mayor parte de nuestros tiempo cantando, danzando, y regocijándonos. Y, no fue hasta muchos años más tarde que aprendí que en muchos lugares de la Escritura donde se habla de orar se está hablando de cantar. Hay oración que canta:

Hablando entre vosotros con salmos, con himnos y cánticos espirituales, cantando y alabando al Señor en vuestros corazones; Efesios 5:19

Hay tantas maneras de cantar al Señor. Hay canciones de amor, canciones de alegría y acción de gracias, canciones de petición, y muchas otras.

Me sentí avergonzada porque no estábamos formal-

mente orando. Sin embargo, fue durante ese tiempo que
el Señor me dio la canción *"Pido por las naciones"*. Me la
dio espontáneamente en una reunión de oración, y pasamos la mañana entera pidiendo por diferentes
naciones. Pero no lo estábamos haciendo en la manera
formal que conocíamos de antes.

Dios nos estaba hablando sobre la nación y mostrán-
donos la respuesta al problema. Entonces estábamos
declarando la victoria, profetizando que así sería y regocijándonos de ver que llegaba a suceder. No
estábamos agonizando, gimiendo y suplicando como
antes. Ni siquiera teníamos la idea de pedir así.

Un poco más tarde el hermano Edward Miller, de la
fama del avivamiento argentino, me invitó a hablar en
lo que él consideraba ser "las iglesias de mayor alabanza en América" y arregló un tour de conferencias para
mí. Al cruzar América, uno se da cuenta lo que la gente
piensa. En cada iglesia la gente hacía las mismas preguntas. Después de cerca de diez días, sabía el asunto
que estaba en mente de todo el mundo: "¿Qué acerca
de la intercesión y el afán al pedir en oración?"

Mi respuesta a ellos fue: "Yo solía ser una autoridad
en el tema. Si me hubieran preguntado esto unas semanas atrás, hubiera podido darles todas las respuestas.
Pero, Dios está haciendo algo nuevo y diferente. No
estoy segura de lo que El está haciendo".

Muchas veces somos culpables de hacer las cosas
como siempre las hemos hecho, cuando Dios está avanzando de alguna manera nueva. Estamos viajando por

el viejo y acostumbrado carretero, cuando El ya ha abierto una nueva autopista para nosotros. Pero siempre hemos viajado por el viejo carretero. El viejo carretero te llevará a un punto determinado, pero la autopista no sufre del tráfico local y de los impedimentos que detienen tu avance en el viejo carretero. Aparentemente nosotros todavía pararemos ante cada luz roja. Así que Dios nos deja hacerlo a nuestra manera, mientras El ya ha abierto otras vías en lo celestial.

"No sé lo que Dios está haciendo", le dije a esa gente. "Nos encontramos a nosotros mismos cantando mucho en nuestras reuniones de oración, y aunque parezca raro, sentimos una tremenda libertad en el Espíritu, y sabemos que Dios ya nos ha oído en lo concerniente a las naciones y a las necesidades de la gente".

Fui a casa a Virginia para las reuniones del campamento. Mamá me pidió que tomara a cargo el servicio del domingo en la mañana. Era un domingo de santa cena. Dios dijo: "Ve a Isaías 53". Yo leí:

> *Con todo eso, Jehová quiso quebrantarlo, sujetándole a padecimiento. Cuando haya puesto su vida en expiación por el pecado, verá linaje, vivirá por largos días, y la voluntad de Jehová será en su mano prosperada.*
> *Verá el fruto de la aflicción de su alma, y quedará satisfecho;* Isaías 53:10-11

Cuando yo leí ese verso, de pronto vi que no sólo la

salvación estaba en la expiación, y la sanidad en la expiación, pero el afán y la aflicción estaban en la expiación. Y, porque el afán y la aflicción están dentro de la expiación, yo nunca necesitaré afligirme y afanarme. Si puedo apropiarme de ello, El ya lo ha hecho. Nunca necesitaré afligirme y afanarme.

Cuando lo vi, era tan liberador. Y ten en cuenta esto:

> *Por tanto yo le daré parte con los grandes, y con los fuertes repartirá despojos; por cuanto derramó su vida hasta la muerte, y fue contado con los pecadores, habiendo él llevado el pecado de muchos, y orado por los transgresores.*   Verso 12

Dios, el Padre, le da una porción a Jesús con los grandes. Y Jesús, entonces, divide su porción con *"los fuertes"*. ¿Quiénes son *"los fuertes"*? Los que alaban.

Cuando Jesús habló de perfeccionar la alabanza en la boca de los niños y de los que maman, El estaba citando el Salmo 8:

> *De la boca de los niños y de los que maman, fundaste la fortaleza,*
> *A causa de tus enemigos,*
> *Para hacer callar al enemigo y al vengativo.*
>   Salmo 8:2

Jesús lo dijo de diferente manera:

*Pero los principales sacerdotes y los escribas, vien-
do las maravillas que hacía, y a los muchachos
aclamando en el templo y diciendo: ¡Hosanna al
Hijo de David! se indignaron, y le dijeron: ¿Oyes
lo que éstos dicen? Y Jesús les dijo: Sí; ¿nunca leis-
teis:
De la boca de los niños y de los que maman
Perfeccionaste la alabanza?*   Mateo 21:15-16

"Fundaste la fortaleza" se convirtió en *"perfeccionaste la
alabanza"*. Después de que se había afligido, Jesús re-
parte despojos con los fuertes. Nuestra alabanza hace
que entremos y poseamos nuestra herencia. Y la tomamos por medio de la alabanza.

"Sí, Señor", dije, "ahora entiendo que no necesito afligirme. Pero, ¿cómo hacemos para apropiarnos de ello?"
(Hay dos maneras para apropiarnos de todas las cosas
que Dios tiene para nosotros).

El dijo: "Continua leyendo".

Las divisiones por capítulos fueron añadidas para
ayudarnos a no perdernos. Tenemos nombres de calles
y números como ayuda para localizarnos unos a otros.
Estos números sólo sirven para encontrar dónde estamos en la Biblia. El rollo fue escrito y el capítulo 53 fluía
en el 54. "¿Qué hago, Señor?", le pregunté.

El dijo: *"Canta"*.

"¿Canto? ¿Puedo apropiarme de ello al cantar?"

"Canta", dijo El.

Regocíjate, oh estéril, la que no daba a luz; levanta canción [prorrumpe en canto] y da voces de júbilo, la que nunca estuvo de parto; porque más son los hijos de la desamparada que los de la casada, ha dicho Jehová.   Isaías 54:1

Considera *"canta"* y *"prorrumpe en canto"*. Hay dos cosas diferentes. La mayoría de ustedes canta. Algunos de ustedes están aprendiendo a prorrumpir en canto. Cantar es usar las cuerdas vocales. Pero hay un prorrumpir en canto, en el cual Dios pone una canción en tu espíritu. Te vas con ella a la cama por la noche. Te despiertas con ella durante la noche. Todavía la tienes en la mañana.

¿Cuántas veces te ha pasado esto? Estás en una situación en que te quedas perplejo. Estás anonadado. No sabes qué hacer, y tu mente va a alta velocidad, tratando de entender la situación. De pronto llegas a una señal de alto. El carro es sacudido. Con la sacudida enfocas hacia el momento, y descubres que estás cantando. Has estado cantando todo el tiempo que tu mente ha estado trabajando.

El Espíritu Santo ha estado cantando la respuesta a tu espíritu, mientras has estado buscando la respuesta en tu mente. "¡No es esa la fidelidad del Espíritu Santo!", dices. "He estado tratando de elaborar la respuesta en mi mente, y todo el tiempo el Espíritu Santo me ha estado dando la respuesta. Gracias, Dios, por la señal de alto que me forzó a oír la canción del Espíritu".

En ningún momento debemos estar sentados, profetizando a nosotros mismos. El ministerio de profecía es para otros. Pero la canción libera la voz del Espíritu por dentro en tu idioma, y te levanta, como lo hace el alabar en el Espíritu. La gente que se profetiza a sí misma han caído en muchos errores. Pero, yo puedo cantar. Puedo dejar que la canción del Señor salga de los profundo de mi ser. Algunas de las más grandes revelaciones que he oído han venido en canción, cuando hemos estado cantando, y cada persona ha ido dando un pequeño verso de la canción.

Si preguntamos: "¿Ha tenido alguno revelación esta mañana?" Todos responderán: "¡Oh, no!" La palabra "revelación" es demasiado grande. Es interesante. En los círculos carismáticos católicos, ellos usan la palabra "cuadro" en vez de la palabra "visión". "¿Ha tenido alguien ´cuadro´ esta mañana?" La razón por la cual ellos hacen esto es porque la palabra "visión" parece demasiado grande e imponente. "No, no he tenido una ´visión´" Pero, sí, vi un ´cuadro´. No, no he tenido una ´revelación´. Pero, tengo una ´canción´ ".

A menudo, cuando permitimos que una pequeña canción surja, ésta contiene tanta revelación. Es Dios perfeccionando la alabanza de la boca de los niños y de los que maman. Es tan hermoso, tan maravilloso. Yo guardo un libro cada año en Jerusalén. Cuando me siento al piano, frases espontáneas vienen a nosotros. Hermosa visión y revelación sale de la boca de la gente. "*Canta*".

Quiero que tú cantes de hoy en adelante más de lo que has cantado antes. No cantes tan sólo los coros familiares que tú ya conoces. Deja que una pequeña canción salga de tu espíritu. Mantenla simple, un verso a la vez. No te compliques.

Cantar una nueva canción hace dos cosas por ti. Te enseña cómo concentrarte en Dios, y te enseña la simplicidad. Es posible cantar un coro que tú conoces bien y, al mismo tiempo, estar planeando un menú. Tú no puedes hacer eso con la nueva canción. La perderás. Tienes que concentrarte en el Señor para cantar la nueva canción. Luego, necesitamos la simplicidad para seguirla repitiendo.

Regocíjate, oh estéril, la que no daba a luz; levanta canción y da voces de júbilo, la que nunca estuvo de parto; porque más son los hijos de la desamparada que los de la casada, ha dicho Jehová.
Ensancha el sitio de tu tienda, y las cortinas de tus habitaciones sean extendidas; nos seas escasa; alarga tus cuerdas, y refuerza tus estacas.
Porque te extenderás a la mano derecha y a la mano izquierda; y tu descendencia heredará naciones, y habitará las ciudades asoladas.   Isaías 54:1-3

Dios quiere traer extensión, y El traerá ese extensión a través del canto. Canta, y prepárate a extenderte. Canta, y extiende tu canto desde dentro, y prepárate a extenderte a la derecha y a la izquierda.

Después que el Señor me mostró que ya no necesitaba afligirme y afanarme más, alguien a quien respeto mucho vino a visitarnos a Jerusalén y ministrar la vieja enseñanza sobre la aflicción y afán. Esa enseñanza no es incorrecta. Tan sólo Dios nos está mostrando caminos más fáciles. Pienso que quiero comprar una máquina de escribir porque pertenezco a la generación de las máquinas de escribir. Pero cualquiera que sepa cómo usar un computador piensa que las máquinas de escribir son obsoletas. "¿Para qué quieres una máquina de escribir?", preguntan.

Las máquinas de escribir todavía cumplen un propósito útil. Pero si hay un computador, ¿para qué comprar una máquina de escribir? ¿Ven lo que quiero decir? Si hay algo que puede ser más efectivo, ¿por qué regresar a lo familiar? Dios está avanzando. Yo no compré una máquina de escribir.

Es lo mismo con la oración por los enfermos. Hay un número de fórmulas en la Palabra de Dios para ministrar a los enfermos, y todas ellas funcionan. Yo nunca unjo a nadie con aceite. Yo siento que Dios me ha dado un don de sanidad, así que no caigo bajo la misma categoría que los ancianos que ungen con aceite. Frecuentemente, la gente me da botellas con aceite. Yo evito usarlas con toda la delicadeza posible. "Hermano, usted puede ungirlos, yo oraré con usted", digo. Yo estoy fluyendo en una diferente unción. Dios me ha dado una revelación, y yo quiero fluir en esa revelación.

¿Quiere eso decir que Dios no sana a través del

ungimiento con aceite? No, no quiere decir eso. Dios
trabaja en una variedad de formas.

Cuando yo oí a esta persona hablar del pedir en oración en el sentido tradicional: "... nos arrodillamos, y
oramos hasta que sentimos en nuestro espíritu los do-
lores de parto, sentimos la carga por la gente, como una
mujer dando a luz, y damos a luz a los individuos en la
salvación, damos a luz aún a naciones..." etc, yo dije al
Señor: "Yo, realmente, quiero saber si te entendí correc-
tamente. Dame un poco más de información con
respecto a esta novedad".

La esposa de una de nuestras parejas estaba esperando un bebé. Ella no sabía lo que yo había pedido al
Señor. Ella me dijo más tarde: "Ese siguiente día Dios
me despertó con este verso: *'Antes de que Sion tuviera
labor de parto, dio a luz'* ".

"Qué quiere decir, Señor", preguntó.

Ese día ella y su esposo estaban ocupados, y, de pronto, ella sintió una punzada molesta. Ella se lo mencionó
a él, y él sugirió que hicieran una parada en la casa de
maternidad, ya que estaban cerca.

"Yo sé que el bebé no viene todavía", protestó ella.
"Estas no son labores de parto".

"No nos hará daño parar ahí", insistió. "Estamos cerca".

Así que fueron, y el doctor estaba ahí. La recostó para
examinarla, y empezó a chequearla.

"El bebé viene en camino", dijo sorprendido.

"No puede ser", dijo ella. "No he hecho lo que se supone debía hacer todavía". (Ella y su esposo habían tomado algunas lecciones sobre lo que ellos debían hacer).

"No puedo remediarlo", dijo el doctor, "el bebé está aquí".

Cuando ella me lo dijo, dije: "¡Gracias, Jesús! ¡Gracias, Jesús!"

Cuando escucho cómo la gente está siendo instruida para orar, me apeno por ellos. Tengo un amigo que se levanta a las cinco de la mañana y practica una fórmula de un hombre, otra fórmula de otro hombre y aún otra una fórmula de un tercer hombre. Al practicar todas esas fórmulas, ya estaría consumida.

Hago lo mejor que puedo para enseñar la simplicidad de venir a Su presencia. Pero, aún, si lo hacemos todo mal, El hace que todo salga bien.

En nuestras reuniones de campamento teníamos, a veces, ministros visitantes que nos dan veintiún pasos hacia la fe, o siete maneras de ser sanado, etc. Mi querida y santa madre, a menudo, toma el micrófono y dice la cosa más espiritual que se ha hablado en toda la tarde. Por ejemplo: "No se requiere mucha fe para tocar a Dios". Es cierto. *"Antes de que Sion tuviera labor de parto, dio a luz"*. Yo estaba tan emocionada por ello.

Después, yo estaba de camino a Australia otra vez. Yo salía de Hong Kong en Quantas Airways hacia Sydney. El viaje iba a dar término, y, hacia el final del viaje, tú lees cualquier cosa. Yo tomé una revista para leer. Era la Mujer australiana en la semana. Habían recetas, la última moda, y una novela o dos. Y, justo en medio de todos esos títulos habían unas líneas: "CAN-TA EN TU RUMBO A UN ALUMBRAMIENTO SIN DOLOR". El artículo estaba escrito por un famoso obstetra francés. El decía que no se refería solamente al cantar que sale de la boca, pero el cantar en el cual la mujer entera se involucra. Cuando ella es capturada en el canto, dice él, ella puede tener un alumbramiento sin dolor.

En Jerusalén, nuestras madres en espera utilizan un pequeño hospital de maternidad. El esposo va, y se queda a un lado de su esposa, y yo voy, y me quedo al otro lado. Empezamos a cantar en el Espíritu. El doctor musulmán sabe que estaremos ahí cantando en lenguas. Nos concentramos, y fluimos cantando en el Espíritu, y, en pocos momentos, viene el bebé. Eso es lo que Dios quiere que sepamos.

Si cantamos, no tendremos que entrar en ese ámbito de petición con afán y aflicción. ¿Por qué? Porque el gozo del Señor trae una liberación de la fe, y la fe hace el trabajo. En un momento como este, podemos liberar más fe por Israel y ver más cumplimiento que habiendo orado cinco noches por toda la noche en el ámbito de nuestro entendimiento.

Estamos creando la atmósfera para milagros. El ciego Bartimeo sólo clamó: *"Hijo de David, ten misericordia de mí"*, y fue sanado. Cuando Jesús está presente, las cosas suceden fácilmente. Y, Dios lo hará fácilmente para nosotros.

No permitas que nadie cante por ti. Si tienes que empezar en el auto, entonces empieza en el auto. Muchos de nosotros pasamos mucho tiempo conduciendo el auto para nuestro propio provecho. Así que no molestaremos a nadie. Tan sólo canta. Yo tengo un amigo, un hombre de negocios koreano, que me llama por larga distancia desde Seul cuando tiene problemas de negocios. Después que nos hemos saludado, cantamos juntos en el Espíritu. A veces, cantamos por diez o quince minutos.

Cuando somos levantados en canto, Dios empieza a darnos las respuestas. Primero, El nos levanta por encima de las preocupaciones, los problemas, y las necesidades. Existe un ámbito de libertad en Dios. Nosotros hacemos difíciles las cosas espirituales. El quiere hacerlas fáciles. El quiere que el Rey de Gloria venga y pelee nuestras batallas por nosotros.

La mayor parte del tiempo estamos tan ocupados peleando nuestras propias batallas que no le dejamos al Señor hacerlo. Recuerda cuando Josafat fue contra los reyes, los cantores y los que danzaban, el equipo de alabanza, fueron por delante del ejército. Y, porque los que alababan fueron por delante del ejército, ellos ni siquiera necesitaron pelear (2 Crónicas 20:21-24). Y tú nunca necesitarás pelear tu propia batalla, si te trasladas a este ámbito de alabanza y adoración al Señor.

Alguna vez tuvimos un número de casas en Israel donde los visitantes y los peregrinos vivían. Una vez tuvimos a una hermana que se quedó con nosotros, la cual estaba en medio de un largo ayuno. Siempre damos la bienvenida a tales visitantes. El problema era que ella no quería ir a la iglesia con nosotros. Yo no quiero que nadie que venga y ayune con nosotros no quiera ir a la iglesia. Cuando tú ayunas necesitas la unción del culto. Si ayunas sin ir a la iglesia, experimentarás dificultades.

Le mandé mensajes por todos los medios apropiados, pero siempre obtuve una respuesta negativa. Me sentí más y más turbada por ella. Una mañana en oración, el Señor me habló: "¿Por qué no me dejas manejarlo?"

Yo casi me reí. ¿Se ha reído alguno de ustedes alguna vez ante Dios? Pensamos que hemos estado dejándole manejarlo. Pensé para mí misma: "Si el Señor puede hacer algo con ella, El puede hacer algo con cualquiera".

"De acuerdo, Señor", respondí. "Tú peleas la batalla". Y me olvidé de ello. Siempre hay otra docena de problemas que surgen mientras tanto.

Cuando llegué a la iglesia esa noche, quién no sería la persona que me esperaría a la puerta de la iglesia sino ella que continuamente había rehusado venir. Ella no sólo me esperaría sin haber sido presionada a hacerlo, sino que me esperaría con una disculpa. "Yo estaba orando hoy", dijo. "Dios me dijo que mi espíritu ha estado mal y que mi actitud ha sido incorrecta. Lo siento".

"Qué tontos somos", pensé. "Pensamos que estamos dejando a Dios pelear las batallas, pero no lo estamos haciendo realmente". Mientras más cantemos a El, más peleará El las batallas.

¡La alabanza es una poderosa arma de lucha!

La alabanza: un ascenso

You're So Wonderful, Jesus

Words and Music by Ruth Heflin

You're so wonderful, Je..........sus......., You're all my heart has

wait.......ed for............. . You're so wonderful, Je..........sus........, I

on............ly want to love You more .... You're so wonderful,

Je..............sus ...., I praise and worship and adore................

.... You're so wonderful, Je........... sus .... . My won..der.. ful.....

Lord.

Copyright © 1990 — Ruth Heflin

Alzad, oh puertas, vuestras cabezas,
Y alzaos vosotras, puertas eternas,
Y entrará el Rey de gloria.

David

Puedes alabar a Dios cuando todo a tu alrededor es totalmente frío y creer que Dios creará alabanza dentro de ti. Cuando vengo a la Casa de Dios y empiezo a alabarle, debo estar consciente de que estoy ascendiendo. Estoy ascendiendo por el monte de Dios. Estoy subiendo al lugar alto del Señor.

¿Has andado en carro alguna vez con alguien que está recién aprendiendo a manejar sin transmisión automática y utiliza el embrague en subida? (Jerusalén está construida en colinas, y muchos de nuestros carros no tienen transmisión automática). Yo he ido en carro con algunas personas que no tienen ni idea de cómo usar el embrague todavía. Cuando empiezan a subir una cuesta, suben un poco, y resbalan hacia atrás otro poco, suben un poco, y resbalan otro poco. Resulta una ida dando tumbos. ¿Has estado en un servicio de alabanza que era así? Es malo. Se sale herido.

La persona que conduce el servicio empieza a cantar, y te sientes a ti mismo ascendiendo. Entonces, hace algo más o quizá cambia de ritmo, y sientes que te deslizaste hacia abajo. Con la siguiente canción vas un poco más alto, y retrocedes otra vez. Al terminar el servicio de alabanza, sientes maltratado y herido.

A veces es mejor cantar menos canciones. Cuando la unción cae en una canción en particular, continua con la canción hasta que llegues a la cumbre. Lo importante no es la canción, es la unción. La unción es como la gasolina en un carro que te llevará hasta la cumbre.

Muchos que conducen la alabanza insisten en cantar un coro dos o tres veces sin importar lo que el Espíritu de Dios esté haciendo. Canta hasta que llegues a la cima de la montaña. Sé consciente de que estás ascendiendo al monte de Jehová. No dejes de alabar hasta que llegues al ´lugar santo´.

A veces lleva quince minutos de cantar y alabar. A veces podría tomar diez. Otro día, en otro servicio, podría tomar veinte. En otro momento, podría tomar solamente siete. O podrías tener tanta sed de Dios que subieras corriendo por el monte del Señor, y llegaras en tres minutos. El tiempo variará, pero siempre existirá el ascenso. Siempre está el entrar. Venimos del mundo de fuera. Y nosotros siempre tenemos que obedecer el salmista:

Entrad por sus puertas con acción de gracias,
Por sus atrios con alabanza;
Alabadle, bendecid su nombre.   Salmo 100:4

La alabanza es el entrar, y la alabanza es el ascenso. Jerusalén está a más de 2000 pies (casi 700 metros) de altura. A través de las Escrituras hay referencias de las tribus *subiendo* a Jerusalén y *hacia arriba* a la Casa del Jehová. La *"Casa"* de Jehová estaba construida en el *"Monte"* de Jehová, de tal manera que el *"Monte"* de Jehová se hizo sinónimo de la *"Casa"* de Jehová y del *"Lugar Santo"*.

En hebreo, siempre se utiliza el verbo *"laalot"*, *"ir hacia arriba"* cuando se trata de Jerusalén. La palabra laalot no se usa en relación a ninguna otra ciudad en el mundo. Aún, si se vive en una ciudad de mayor altitud que Jerusalén, todavía se habla de *ir hacia arriba* o *subir* a Jerusalén.

Es la consciencia de que Jerusalén en la tierra representa a la Jerusalén del cielo. Así que, en la alabanza, siempre se debe estar consciente de subir al Lugar Santo.

¿Quién subirá al monte de Jehová?
¿Y quién estará en su lugar santo?   Salmo 24:3

La ya fallecida hermana Jashil Choi, la suegra del doctor Cho, era mi buena amiga. A veces, ella me llamaba desde Korea. Teníamos que hacer uso de un intérprete.

Su vocabulario en inglés consistía en "aleluya", "gracias Jesús", y dos o tres frases similares. Ella tenía una lista de cuatro cosas que hacer para ser espiritual. Me encanta su cuarto punto en la lista, que era "HAZLO". Podemos asistir a diez seminarios de alabanza y adoración, podemos obtener los mejores apuntes y las mejores grabaciones sobre el tema y oír a la más alta autoridad en el mundo, pero a menos que lo hagamos, nada sucede. HAZLO. Comienza a alabar a Dios.

Siempre ha habido alabanza en la Iglesia, pero estamos viviendo en un período de mayor revelación en lo que toca a la alabanza. Un día almorcé en Australia con Anita Ridge, la esposa del señor Don Ridge, y con su madre, la señora Kliminock, una querida santa de Dios que había venido desde Polonia, había conocido el ministerio en Europa con su esposo, y habían sido pioneros en las obras en Australia. Una de entre las muchas cosas que le pregunté ese día fue: "¿Qué es diferente en el día de hoy de los días en que empezó?"

"No teníamos la revelación de la alabanza como la tenemos hoy", dijo. "Amábamos al Señor y orábamos, pero hoy es mucho más fácil por la alabanza. Hoy es un día diferente. No conocíamos la alabanza de la misma manera que hoy". Nunca ha habido día en que esta revelación se hiciera más fuerte que, a través de la alabanza, podemos llegar más rápido a la presencia de Dios.

Mucha gente, cuando oyen a una persona predicar sobre la oración con particular énfasis, los siguen, olvidándose de la alabanza y la adoración. Luego, alguien más viene y enseña sobre otro aspecto de la oración, entonces, ellos lo hacen así por otro tiempo. Lo que necesitamos es una combinación de todos los aspectos de la oración. Yo enseño sobre aquellas cosas que pienso hacen falta en el cuerpo particular donde estoy ministrando.

Estaba ministrando en el Sur de India. Después de haber predicado una mañana sobre la sangre de Jesús, un hermano de ese país me dijo: "Nunca pensé que Ud. pudiera predicar de otra cosa que no fuera el Espíritu Santo". Bueno, en los días en que él me escuchó yo estaba ministrando a una gente que necesitaba desesperadamente el derramamiento del Espíritu Santo. Así que, mensaje tras mensaje fue sobre el Espíritu Santo el llenarse del Espíritu, el poder que da el Espíritu, el ministerio del Espíritu, el confortarnos del Espíritu, etc.

Cuando Dios envía un ministerio es para llenar los vacíos, para poner en orden un área de necesidad. Eso no quiere decir que Dios no está diciendo nada más y que podemos tirar todo el resto que creemos. Necesitamos la combinación de las verdades para que podamos fluir juntos en la voluntad de Dios.

¡Sube al monte de Dios en alabanza!

La adoración

Adora ... hasta que la gloria llegue.

La adoración:
la extensión natural de la alabanza

Awaken My Heart

Words and Music by Ruth Heflin

A......waken my heart to love and a......dore Thee, oh my
Lord. Awak-en my heart to pour out be....fore Thee, oh my
Lord. A..waken my heart to know Thy love and to
Love Thee in re.turn. Free..........ly flow............ing from an awakened
heart......... .

Copyright © 1990 — Ruth Heflin

Créeme, que la hora viene cuando ni en este mon-
te ni en Jerusalén adoraréis al Padre.
Vosotros adoráis lo que no sabéis; nosotros ado-
ramos lo que sabemos; porque la salvación viene
de los judíos.
Mas la hora viene, y ahora es, cuando los verda-
deros adoradores adorarán al Padre en espíritu y
en verdad; porque también el Padre tales adora-
dores busca que le adoren.
Dios es Espíritu; y los que le adoran, en espíritu y
en verdad es necesario que adoren.

Jesucristo

Jesús dijo a sus discípulos que El necesitaba ir a Samaria. Ahí, El se sentó con una mujer en el pozo y tuvo una conversación. Ella le preguntó muchas cosas. El le dio una de las más grandes revelaciones.

¿Por qué digo que fue una de las más grandes revelaciones? Porque ella muestra lo que Dios desea. El está buscando adoradores. **Si tú quieres vivir en el ámbito de la gloria, debes ser uno que adora.** Debes adorarle más. *"El Padre tales adoradores busca que le adoren".* Eso es lo que El desea de la tierra.

La revelación dada a la samaritana está siendo enfatizada hoy en día al Cuerpo de Cristo universalmente por el Espíritu Santo. Dios está buscando adoradores. Cada domingo en la mañana asistimos al "culto de adoración". Participamos en la liturgia o en el patrón que se ha establecido. Pero, es posible estar en un "culto de adoración" y nunca adorar.

Ponemos en el boletín de la iglesia "Domingo por la mañana: **ADORACION 11 a.m.** La verdad es que tenemos más de todo, excepto adoración en nuestro culto de "adoración". Llamamos al culto entero de "adoración". Relativamente pocos corazones son sinceramente levantados en adoración durante nuestros cultos. Dios está buscando adoradores.

La adoración nos ayuda a deshacernos de muchas frustraciones naturales y espirituales de la vida. A través de la adoración Dios trae a nosotros una unidad en el cuerpo, mente y espíritu. Dios está refinando nuestro entendimiento de la verdadera adoración. La adoración verdadera viene del corazón, en amor y adoración al Señor.

Durante los años sesenta y setenta, el Espíritu de Dios estaba dando a conocer el mensaje de la alabanza. Y la alabanza es esencial. Es el medio para entrar en la presencia del Señor. Entramos por sus puertas con alabanza, y entramos por sus atrios con alabanza. La alabanza es el entrar. Pero en el pasado, una vez que habíamos llegado allí, a menudo, no sabíamos qué hacer a continuación. O bien no hacíamos nada, o cambiábamos el orden del culto.

Es como una visita a la Casa Blanca en Washington para ver al Presidente Americano. Se hace todo esfuerzo por llegar hasta ahí, se toman todos los pasos para conseguir permiso. Cuando éste finalmente es concedido, uno conduce hacia la Casa Blanca, pudiendo ver la hermosura de su entrada. Después de pocos momentos es conducido al "Oval Office". Mira a su alrededor un poco, y entonces dice: "Muy bien, podemos regresar a casa ahora, sólo quería ver cómo era".

¿Saldrías tu de la Casa Blanca sin sacar ventaja de la oportunidad de ver al Presidente?. Sin embargo, eso es lo que hacemos con Dios. Hacemos un esfuerzo por venir a Su presencia. Pero, una vez que llegamos, sólo miramos alrededor y decimos: "Eso fue bonito. Adiós ahora. Nos veremos la próxima vez". ¿Por qué has venido? ¿No es para adorar al Rey en toda Su gloria, y en toda Su majestad?

El Señor nos hace saber que no hay un lugar en particular donde uno debe adorar. "Casas de Dios" se construyen, y está bien. A mí me gusta adorar a Dios en una iglesia, un lugar para adorar, un lugar dedicado y separado para encontrarnos con Dios. Al momento estamos adorando en nuestra casa en Jerusalén. La gloria desciende ahí. Si pudiera escoger, sin embargo, preferiría un lugar separado, dedicado al Señor. Esto pudiera contradecir a aquellos que promueven la adoración en las casas. Pero, lo esencial no es el lugar donde adoramos. Un corazón puede encontrarse con Dios en cualquier lugar que quiera encontrarse con El, y en cualquier momento. Puedes encontrarlo en un avión. Puedes encontrarlo en una oficina, sentado frente a tu escritorio.

La mayoría de nosotros pasamos muy poco de este

tiempo de calidad en la presencia del Señor. Sí, oramos por las naciones. Sí, pedimos a Dios que bendiga a Sus siervos. Oramos por los programas de nuestra iglesia. Creemos en Dios por "la gente que está en las calles" para que sea salva. Pero, cuando se trata de El, y de El solo, simplemente no tenemos tiempo.

El Señor tendrá un pueblo que le adore. ¿Qué haremos nosotros en las edades sin fin de la eternidad? Habremos de alabarle y adorarle. Comencemos ahora.

Yo veo la diferencia entre alabar y adorar como si yo fuese parte de la procesión del Domingo de ramos. Me uno a los otros mientras nos sacamos nuestros abrigos y los tiramos para que el Señor pueda pasar sobre ellos. Arrancamos hojas de palma y las batimos, aún desparramándolas en Su camino. Gritamos junto con la multitud entera: "*¡Hosana, Hosana! Bendito el que viene en nombre del Señor*". Eso es alabanza.

De pronto diviso un pequeño burro avanzando por el camino del Domingo de ramos. Continua su camino hasta que pasa justo frente a mí. Se detiene. Jesús, el Rey de reyes y Señor de señores, está sentado en ese burro. Me mira y dice: "Ruth, te amo". Y las lágrimas corren por mis mejillas.

Ahora, ya no bato mi palma y grito "¡Hosana!" Me inclino en adoración y digo: "Mi Señor y mi Dios". Pareciera que la multitud no está allí. En realidad, la multitud todavía está alrededor de mí. Otros todavía están batiendo sus palmas. Todavía están gritando: "¡Hosana!". Pero estoy totalmente ausente de lo que está sucediendo a mi alrededor.

El me mira, y todo el amor de la eternidad se derrama en mi alma. En este momento, yo sé cuánto El me ama. Yo conozco Su majestad de una manera en que nunca antes la conocí. Nadie tiene que decirme que El es Rey. Yo lo sé, y le adoro, inclinándome ante El, reconociendo Su majestad, Su posición de realeza.

Adorar es cuando tú te encierras con Dios. En medio de la más atestada calle de la ciudad, en el restaurante más concurrido de la ciudad, en medio de la mayor actividad del día encuentras pequeños momentos para estar a solas con el Señor. Gracias a Dios que pueden haber muchos momentos a lo largo del día en que sólo están tú y el Señor. Aún cuando muchas cosas estén sucediendo a tu alrededor, te encierras en ti misma con El.

Hace algunos años, uno de nuestros hermanos tuvo una visión en la que vio multitudes aproximándose al trono de Dios. Estas multitudes de todas las naciones del mundo venían en alabanza. El se preguntaba si habría espacio para él en el trono. Se vio a sí mismo acercándose más y más. Cuando estuvo ante el trono, cayó en reverencia y adoración. Dio una mirada a su alrededor y fue consciente de que nadie más estaba ahí. Tan sólo él y el Señor.

¿Cómo será cuando estemos ahí como parte de las multitudes ante él? Será tal y como es en la verdadera adoración. Muchos otros están ahí, pero tú no tienes conciencia de que están ahí. Tú estás a solas con el Señor.

El Señor me ha mostrado cuán fácil es la adoración. En los círculos pentecostales experimentábamos lo que comúnmente llamábamos "momentos en lo alto en Sion" cuando yo era niña. Teníamos cultos en los que la presencia y la gloria del Señor eran manifestadas. Después, nos preguntábamos cómo hacerlo de nuevo. No estábamos seguros de saberlo.

Yo me encontraba ministrando en algunos lugares de Inglaterra, preparándome para una reunión en el Royal Albert Hall de Londres, patrocinada por Lady Astor. Mientras estaba enseñando sobre la alabanza y la adoración en una iglesia pentecostal una noche, experimentamos la gloriosa presencia de Dios. El pastor me dijo luego: "Sólo una cosa me preocupa, hermana Ruth. ¿Cómo lo reproduciremos?"

Pienso que cada pastor ha experimentado lo mismo muchas veces. Cada director de la alabanza ha experimentado el mismo sentimiento. "Tuvimos éxito esta noche. Esa canción fue ungida. ¡La gloria descendió! ¿Podremos hacerlo de nuevo la próxima vez?" Y porque una canción en particular fue ungida durante el servicio la noche anterior, el director de la alabanza prueba con ella la próxima vez, y falla por completo. Dios permite que esto suceda para mostrarnos que la gloria no está en la canción. La gloria está en Su presencia. La gloria es Su presencia. Cuando un pastor ha tenido un culto particularmente bendecido, a menudo tratará de hacerlo exactamente igual otra vez. Y no funciona.

Ahora, Dios nos está enseñando los secretos de sus patrones para la alabanza. Si fluimos dentro de Su patrón, sin importar la canción que cantemos, traerá la gloria. Podemos experimentar la gloria en cada culto.

Uno de los primeros secretos de la adoración es cómo difiere de la alabanza. Cuando yo alabo a Dios, yo quiero [con mi voluntad] alabarle. Cuando yo vengo a la casa del Señor, yo ofrezco mis labios y quiero [con mi voluntad] alabarle. Pero tú no quieres [como acto controlado por la voluntad] adorarle. El espíritu de adoración viene [surge] con el encuentro y debe venir sobre ti.

Es de ayuda cantar canciones que no sean complicadas. Las cosas espirituales son sencillas. Si tu mente tiene que estar muy concentrada en las palabras, estás muy ocupado pensando. Tu espíritu no asciende. Nosotros queremos que nuestros espíritus asciendan en alabanza mientras la unción aumenta.

Utiliza un coro simple. No te preocupes por la belleza de las palabras y las ideas. No estés preocupado por pensamientos complicados. Deja al coro cantar los himnos complicados. Permite a la congregación alabar y adorar con simplicidad, y cada uno puede sumirse en la adoración sin importarle su alrededor.

Los retroproyectores son una bendición para los visitantes que no conocen los coros que se están cantando. Si la congregación, sin embargo, todavía necesita la ayuda de una pantalla, entonces la música es muy complicada como para una verdadera adoración. Mientras más simples sean las canciones que cantas, el espíritu de adoración llegará.

Nunca antes hubieron canciones más hermosas de alabanza y adoración para el Cuerpo de Cristo que hoy. Tan gran variedad, tan amplia alternativa. Usalas para traer el espíritu de adoración.

Yo lo siento moviéndose en mis hombros o en lo profundo de mi espíritu. Cuando ocurre, nadie tiene que decirme: "Adora a Dios". Aún cantando las canciones más rápidas, mi espíritu suaviza el ritmo, y soy consciente de que estamos sólo, yo y el Señor. Y yo le adoro.

Cuando el que dirige la alabanza es consciente de que la unción ha crecido hasta el punto en que llega el espíritu de adoración, debe pasar rápidamente a una canción de adoración. Habrán menos palabras que en un coro de alabanza. Cuando adoras, no necesitas decir grandes cosas. Ustedes, queridas damas podrían hablar y hablar con sus esposos de los hijos, de las cuentas, y de otras obligaciones de la vida diaria. Pero, cuando un momento romántico y tierno llega, estoy segura de que las palabras serán pocas, y saldrán del corazón.

Ahora, no están hablando de las cuentas. No están hablando sobre los problemas. No están hablando sobre las compras. No están hablando de los niños que van a la escuela. Simplemente están disfrutando de la presencia el uno del otro. Así debe ser cuando adoramos a Dios.

El ministrar alabanza incrementa la unción en el servicio, e incrementa la unción en el individuo. Pero el ministrar adoración trae la gloria. Alabar trae la unción para adorar, y adorar trae la unción de la gloria.

Así como alabamos hasta que la adoración venga, así, si queremos la gloria, adoramos hasta que llegue. Cuando alabas, llega la adoración, y si quieres una gran profundidad de adoración, entonces debes tener una gran altura de alabanza que te permita llegar a la cima de la montaña.

A veces, cuando estamos cerca de un cuarto del ascenso de la montaña, decimos: "Ahora, vamos a cantar una canción de adoración". La cantamos. Nuestros labios producen las palabras, ¿pero adora nuestro corazón? Tratamos de adorar antes de entrar en la atmósfera de adoración.

Otras veces esa atmósfera viene fácilmente. Derramamos lágrimas delante del Señor. Le adoramos con profundidad. Sentimos Su majestad. Sentimos Su distinción de rey.

Con cada movimiento de Dios viene la alabanza. En el pasado, hubo poca adoración en proporción a la alabanza. Eso cambiará conforme el avivamiento crezca. Alabaremos menos y adoraremos más.

Cuando empezamos a cantar la nueva canción, y a cantarla espontáneamente, aprendimos mucho. Aprendimos mucho de nuestra relación con Dios. Nos dimos cuenta de que era más fácil utilizar una frase que tuviera un verbo. "El Señor sana, El salva, El bautiza, El conforta, El cuida de nosotros, El provee". Pero en la adoración, nuestro foco de atención es la persona de Dios. Quien es El, y no lo que hace. Cuando tratamos de adorar sin hacer uso de los verbos, experimentamos largos períodos de silencio. Así que volvimos a los usuales cánticos de alabanza con verbos de acción. A través de ellos volveríamos a la presencia de Dios para ver lo que nos enseñaría. Nos llevó tiempo aprender a adorar *la persona* del Señor.

Si tu relación con tu esposo es una en que él provee el sustento, él saca la basura, el conduce el auto, él hace algunas diligencias, entonces no es una relación profunda. Eso ocurre con muchos matrimonios. Es una relación basada en lo que él hace.

Muchos esposos, de la misma manera, dicen de sus esposas: "Es una gran cocinera. Mantiene la casa limpia. Cuida de los niños". Antes de que se casaran, ¿hacía ella las comidas, limpiaba la casa, cuidaba de los chicos? ¿Qué fue eso que hizo que tú la amaras?

"Bueno, fueron esos hermosos ojos".

¿Has olvidado que ella todavía tiene esos hermosos ojos?

"Bueno, fue esa sonrisa".

¿Has olvidado que ella todavía tiene esa sonrisa?

"Había algo tan maravilloso y chispeante en su personalidad".

Las mujeres también olvidan aquello que les hizo enamorarse de sus maridos.

"Sí, era la manera en que se paraba. Había algo en él. Podía sentir su fuerza." Esa era la manera en que ella pensaba de él antes de que se casaran. Después, ella piensa solamente en lo que él hace. El piensa sólo en lo que ella hace.

Es lo mismo en nuestra relación con el Señor. La primera vez que nos encontramos con El, El no había hecho nada por nosotros de lo que estuviéramos conscientes. Pero vimos que El era maravilloso. "Oh, yo le amo al Señor con todo mi corazón", se apresuran a decir los nuevos convertidos.

Después de ser salvos por un tiempo, pensamos en El de manera diferente: "El me salvó. Me llenó con el Espíritu Santo. Me sana cuando estoy enfermo". Pero, ¿qué de El como *persona*?

"Bueno, cuando necesité de El para pagar mis cuentas, El me dio el dinero". Pero ¿qué del Señor como *persona*?

Nuestra alabanza se orienta a las acciones que El realiza. Olvidamos *quien* es El. Si nos enamoramos de El sin conocerle, ¿no traería el conocerle una relación más profunda de amor y adoración? Los ángeles en el cielo adoran, y nunca han sido redimidos. Ellos adoran a causa de la *persona* del Señor. Ellos le adoran porque le conocen, no porque han sido salvados, sanados o llenados por el Espíritu Santo.

No estoy minimizando el alabar a Dios por lo que El hace. Nunca debemos dejar de hacerlo. No, solamente estoy enfatizando que Dios quiere que lo conozcamos, Quien era, Quien es, y Quien ha de ser, que sintamos Su presencia, que vengamos a Su presencia de tal manera que le adoremos en la hermosura de la santidad en Su monte santo. Su voluntad es que busquemos ser adoradores por sobre todas las cosas.

Fui entrevistada en Inglaterra por un hombre que trabaja con el Parlamento Inglés, viaja al Parlamento Europeo, y a los parlamentos de otros países europeos individuales. Habiendo oído algo de lo que Dios había hecho por mí, me preguntó: "¿Cuáles son sus aspiraciones para el futuro?"

Pensé que se estaba refiriendo a nuestra próxima reunión en el Royal Albert Hall. Así que respondí: "Creemos que mientras la gente llegue, y mientras levantan sus voces en alabanza, mientras adoran en el Espíritu, una gran nube de gloria caerá sobre el Royal Albert Hall, sobre todo Londres, y sobre toda Inglaterra. Creemos que esto bendecirá y cambiará a la nación y levantará un avivamiento".

"¡No, no!", dijo. "No quise preguntar sobre sus aspiraciones en lo concerniente a la reunión. Quiero saber, ya que ha tenido tan maravillosas experiencias en la vida y ha conocido a tanta gente maravillosa, ¿Cuáles son sus aspiraciones personales para el futuro?"

"Simplemente quiero ser una adoradora", le dije, "y quiero que Dios me dé la habilidad de impartir el deseo de adorar a otros".

Y era eso lo que en verdad quería decir. Si el Padre está buscando adoradores, entonces tú y yo necesitamos ser esos que respondan al corazón del Padre y le adoren en Espíritu y en verdad. No dejes pasar un día sin adorarle.

Dentro del movimiento carismático, aquellos de nosotros con un trasfondo protestante somos buenos para la alabanza, pero muchos de nosotros no somos grandes adoradores. Los católicos saben como adorar, pero no han sido muy vibrantes al alabar. Mientras que ellos aprenden como alabar y nosotros aprendemos como adorar, estamos levantándonos en una tremenda fuerza.

Es la adoración la que trae la gloria, y el último deseo de Dios es que la gloria del Señor *"cubra la tierra como el agua cubre la mar"*. La gloria descenderá como nieve. Los que alaban lo hacen hasta que el espíritu de adoración se levanta. Los que adoran lo hacen hasta que la gloria se manifiesta.

Podemos llevar la gloria en nuestras voces. Podemos traer la gloria a nuestros cultos, a nuestras casas, a nuestra comunidad, a una ciudad, por medio de nuestras voces. Primero, rendimos nuestra voz en alabanza, luego rendimos nuestra voz en adoración, y finalmente dejamos que la gloria de Dios se manifieste en nosotros.

Mi madre se paró en medio de la enseñanza que yo daba una mañana en las reuniones del campamento en Virginia, en Febrero de 1989, y empezó a profetizar. Ella vio una visión del avivamiento de estos últimos días. Dios le mostró que el avivamiento de los últimos días sería más grande que todo lo que hayamos podido ver desde la crucifixión y la resurrección. Es poderoso, ¿no es así? Más grande que el derramamiento en la calle Azusa en Los Angeles. Más grande que el avivamiento de 1948. Más grande que el día de Pentecostés. Pentecostés fue el primer fruto. Yo creo que estamos a las puertas de ese avivamiento, en los comienzos de esos días en Dios. La manera de prepararse para ese avivamiento es a través de la alabanza y la adoración.

Ningún libro se ha escrito sobre lo que Dios ya va a hacer. Nadie ha estado en este camino antes para poder decirnos: "Ve a la derecha, luego a la izquierda, y ahora recto". Sabremos si ir a la derecha o a la izquierda si hemos estado en Su presencia en el Espíritu, si hemos aprendido a estar a gusto con El, confiados y en libertad.

¡Adórale!

Adorando al Rey: majestad

I Long to See the Face of My Savior

Vs. 1 & Cho. – Ruth Heflin
Vs. 2 & 3 – Lois Irwin

Ruth Heflin

1. I long to see the face of my Sav - ior, It won't be
2. I've felt the touch of hands that were nail-scarred, I've felt His
3. I've felt His pow'r, I know that He saved me, I've shared His

long now, it won't be long! These man - y years I've known Him in
pres - ence, for He was near; I've walked by faith when I could not
bless - ings, they've been so free; I've shared His love when oth - ers have

mea - sure, But soon His full - ness I know I'll see.
see Him, But soon my vis - ion will be made clear. His glo - ri - ous
failed me, But soon His full - ness I know I'll see.

face I shall be-hold, His maj - es - ty shall un - fold; And in His

pres - ence I then shall stand, Re-made by His al - might-y hand.

¿Quién es este Rey de gloria?
Jehová de los ejércitos,
El es el Rey de la gloria.

David

Cuando empezamos a adorar, algunas de las primeras visiones que tenemos son los pies del Señor. La visión a menudo comienza a sus pies. Cuando vemos Sus pies, adoramos a Sus pies, lavamos Sus pies con nuestras lágrimas, derramamos ungüento perfumado sobre Sus pies. Adoramos en Su trono. Empezamos a conocerle en Su posición de reinado.

Y al instante yo estaba en el Espíritu; y he aquí, un trono establecido en el cielo, y en el trono, uno sentado.

Y el aspecto del que estaba sentado era semejante a piedra de jaspe y de cornalina; y había alrededor del trono una arco iris, semejante en aspecto a la esmeralda.

Y alrededor del trono había veinticuatro tronos; y vi sentados en los tronos a veinticuatro ancianos, vestidos de ropas blancas, con coronas de oro en sus cabezas.

Y del trono salían relámpagos y truenos y voces; y delante del trono ardían siete lámparas de fuego, las cuales son los siete espíritus de Dios.

Y delante del trono había como un mar de vidrio semejante al cristal; y junto al trono, y alrededor del trono, cuatro seres vivientes llenos de ojos delante y detrás.

El primer ser viviente era semejante a un león; el segundo era semejante a un becerro; el tercero tenía rostro como de hombre; y el cuarto era semejante a un águila volando.

Y los cuatro seres vivientes tenían cada uno seis alas, y alrededor y por dentro estaban llenos de ojos; y no cesaban día y noche de decir: Santo, santo, santo es el Señor Dios Todopoderoso, el que era, el que es, y el que ha de venir.

Y siempre que aquellos seres vivientes dan gloria y honra y acción de gracias al que está sentado en el trono, al que vive por los siglos de los siglos,

los veinticuatro ancianos se postran delante del que está sentado en el trono, y adoran al que vive por los siglos de los siglos, y echan sus coronas delante del trono, diciendo:

Señor, digno eres de recibir la gloria y la honra y el poder; porque tú creaste todas las cosas, y por tu voluntad existen y fueron creadas.

Apocalipsis 4:2-11

Juan miró a la gente de Dios, una y otra vez, como adoradores. En esta lectura él vio a los seres vivientes adorando a Dios. El vio a los veinticuatro ancianos echando sus coronas ante el Señor. Ellos estaban adorando. Les oyó diciendo: *"Digno eres de recibir la gloria y la honra"*.

En el ultimo capítulo, Juan dice:

> *Yo Juan soy el que oyó y vio estas cosas. Y después que las hube oído y visto, me postré para adorar a los pies del ángel que me mostraba estas cosas.*
> *Pero él me dijo: Mira, no lo hagas; porque yo soy consiervo tuyo, de tus hermanos los profetas, y de los que guardan este libro. Adora a Dios.*

Apocalipsis 22:8-9

Después de haber sido inmerso en la gloria, viendo todas las cosas que serán, habiendo tenido las más grandes visiones que ningún otro hombre de su generación, Juan recibió este simple mensaje: *"Adora a Dios"*.

Ya, en este momento, él debía haber tenido un doctorado en revelación. ¿Por qué este simple mensaje: *"Adora a Dios"*? Después de todo, eso es tan básico. ¿No hemos estado adorando a Dios ya? Estamos tan inmersos que olvidamos que el mensaje de Dios es la simplicidad de adorarle.

El está dispuesto a enseñarnos por Su Espíritu cómo
ser adoradores. El está dispuesto a dejar que Su Espíritu se mueva sobre nosotros para hacernos extender más
y más, de tal manera que aquello que le ofrezcamos
sea aceptable a Su vista.

Un día, todas las naciones se reunirán en Jerusalén
para adorar al Señor, el Rey de reyes y Señor de señores. Yo quiero estar ahí en ese día.

La actividad de que Juan fue testigo era: *"alrededor
del trono"*, *"salía del trono"*, *"delante del trono"*, *"en medio
del trono"*.

Muchos cristianos sólo saben una Escritura sobre el
trono de Dios. Si les pides citar algo, responden con:

*Acerquémonos, pues, confiadamente al trono de la
gracia, para alcanzar misericordia y hallar gracia
para el oportuno socorro.*　　　　　**Hebreos 4:16**

Justo en el momento de orar decimos: *"Acerquémonos
confiadamente ante el trono de la gracia y hagamos nuestras
peticiones conocidas delante del Señor"*. Estamos orientados a las peticiones. Hay un ámbito en Dios tan grande
que, aún si vinieras con una docena de peticiones, después de adorar, El pregunta: *"¿Había algo que querías
decirme?"*, tú contestas: "No, Señor".

"¿Había algo que querías preguntarme?"

"¡No, Señor!". No hay preguntas, no hay pedidos.
Todo ha sido satisfecho.

En Su presencia las cosas que parecían grandes para

nosotros se hacen insignificantes. Nos preguntamos por qué permitimos que el diablo embistiera aquella cosa sobre nosotros, haciéndola tan importante, y agrandándola tanto.

Cuando estamos en la presencia de Dios, las cosas que pensamos son tan insignificantes se hacen grandes. El nos muestra lo que verdaderamente es objeto de su atención. Nos deja saber: "Yo realmente me preocupo por Israel, Israel no está al final de Mi lista. Yo realmente me preocupo por China. Quiero que esté primero en tu lista".

Hay un gran cambio que viene por la adoración antes que por ningún otro medio. Si quieres ser cambiado, la adoración es la clave. Cuando estás adorando, tú miras Su rostro, y eres transformado de gloria en gloria. Nos hacemos parecidos a aquello que adoramos. Nos hacemos como El a Quien adoramos.

Puedo sentarme y leer todos los libros que se hayan escrito sobre la santidad, y podría desarrollar algún concepto. Pero puedo adorar un minuto y sentir Su santidad y saber lo que es. No sólo eso, puedo estudiar sobre la santidad y enojarme mientras lo hago; pero adoro y quiero ser como El.

Y levantándose el rey David, puesto en pie dijo: Oídme, hermanos míos, y pueblo mío. Yo tenía el propósito de edificar una casa en la cual reposara el arca del pacto de Jehová, y para el estrado de los pies de nuestro Dios; y había ya preparado todo para edificar. 1 Crónicas 28:2

El lugar de adoración es el estrado de los pies del Señor.

Entraremos en su tabernáculo;
Nos postraremos ante el estrado de sus pies.
Salmo 132:7

Algunas personas no han llegado a la alabanza a pesar del avivamiento de alabanza que hemos experimentado en los últimos treinta años. Dios los está trayendo a la alabanza. Muchos no se han movido a la revelación de adoración de los años ochenta todavía. Así que el Señor les está enseñando. Algunos de nosotros tenemos hambre de la gloria. La gloria es la revelación de Dios para los años noventa. Estamos listos a adorar ante el estrado de Sus pies.

Cada culto necesita de los dos aspectos: la alabanza y la adoración. Alabamos hasta que el espíritu de adoración llega, y, luego, adoramos hasta que llega la gloria. La alabanza trae un aumento de la unción. Pero la adoración trae la majestad de Dios en medio del pueblo. La alabanza es usualmente más exuberante, tiene más palabras. La adoración tiene esa santa quietud, tiene menos palabras, y, a veces, aún sin palabras. A veces, en silencio total, derramamos nuestros corazones al Señor.

El Salmo 24 dice: *"Y entrará el Rey de gloria"*. Después que has levantado tus puertas y que has levantado las puertas eternas, el Rey de Gloria entra. ¿De quién está hablando el Salmo? Es bien claro: *"Jehová el fuerte y valiente, Jehová el poderoso en batalla. Jehová de los ejércitos. El es el Rey de la gloria"*. Cuando nosotros alabamos y adoramos, El entra.

Nosotros Le conocemos como Salvador. Le conocemos como Sanador. Le conocemos como el Bautizador en el Espíritu Santo. Le conocemos como Proveedor, Jehová Yireh. Le conocemos en otras capacidades. Ahora, es tiempo de conocerle como el Rey de la gloria.

Cada experiencia en Dios tiene un propósito, y este propósito es conocerle.

Nosotros vivimos por fe, dependiendo totalmente del Señor para nuestras necesidades diarias, no porque no podamos encontrar otra manera de financiarnos a nosotros mismos. Podríamos. Vivimos por fe porque queremos conocerle como Proveedor. Queremos esa constante reafirmación de que El está velando por todos los asuntos de nuestra vida.

Cuando confiamos en El como Sanador, no es que no hayan otras opciones. Hay otras opciones. Pero queremos conocerle como Sanador.

Y estamos llegando a conocerle como el Rey de la gloria. La gran imagen que ves en el libro de Apocalipsis es la del Rey de gloria viniendo por Su Iglesia gloriosa. El viene por una Iglesia que le conoce como el Rey de la gloria. El pelea nuestras batallas. El es el Señor de los ejércitos, poderoso en batalla. Pero, es solamente en el ámbito de la gloria que podemos vivir en el lugar donde El pelea todas nuestras batallas por nosotros.

Tenía en su diestra siete estrellas; de su boca salía una espada aguda de dos filos; y su rostro era como el sol cuando resplandece en su fuerza.

Apocalipsis 1:16

Entrégale a El las luchas y los problemas. El puede lidiar con ellos. Conoce al Rey en Su poder.

Canadá tiene una relación muy estrecha con Inglaterra. Paul, el joven hijo del pastor Lucas en Calgary, ama muchísimo a la familia real. Y la ha estudiado minuciosamente. Cada cumpleaños y cada navidad le dan un nuevo calendario, otro trimestre actualizado de la familia real, complementado con fotografías premiadas. Cuestan mucho dinero, pero su amor es tan grande que sus padres no se atreverían a desilusionarlo.

Nosotros tenemos un privilegio aún mayor. Nos es dado conocer al Rey y conocer Su reino. Nos es dado conocer cada cosa que pertenece al Rey y al reino. Puedes familiarizarte con los palacios del cielo y con las cortes del Señor mucho más de lo que una persona en Inglaterra podría familiarizarse con el Palacio de Buckingham, el Castillo de Windsor, y el Balmoral, la casa de verano de la familia real. Nos es dado conocer los misterios del reino de Dios.

Tantas veces, cuando hablamos de tener las llaves del

reino, nos orientamos hacia la acción. En verdad, hay llaves del reino que traen acción:

> *Y a ti te daré las llaves del reino de los cielos; y todo lo que atares en la tierra será atado en los cielos; y todo lo que desatares en la tierra será desatado en los cielos.* Mateo 16:19

Pero, debemos estar orientados hacia el Rey del reino, no solamente hacia los actividades del reino.

Yo he tenido algunas experiencias maravillosas con la realeza. Hay algo tan maravilloso y misterioso acerca de su posición.

Dios me dio el privilegio dos veces de visitar y ministrar al emperador Haile Selassie de Etiopía en profecía. La segunda vez que fui, Dios me habló y dijo: "Ruth, yo te honraré esta vez más de lo que te honré la primera vez". Sentí que había sido muy honrada la primera vez. El emperador no sólo me había recibido, pero había recibido más tarde a nuestra amiga, Sarah Rush.

En la segunda ocasión, yo volé hacia allá una mañana y tenía que salir en el vuelo de la mañana siguiente. Mis amigos decían: "Ruth, es una tontería de tu parte, llegar y esperar ver al emperador en un día, cuando él ni siquiera sabe que irás".

Todo lo que pude decir era: "Este es el calendario que Dios me dio. Sólo puedo llegar en este vuelo y salir en el avión mañana por la mañana, de manera que pueda ajustarme a Su horario".

A pesar de sus dudas, llamé a palacio y hablé con el ministro del palacio, su excelencia Teferawerk. El dijo: "Lo siento, pero el emperador tiene una reunión con el concilio de ministros", y, empezó a listar todas las otras reuniones que tenía para ese día.

Le dije: "Su excelencia, tenga la bondad de ver qué puede hacer".

En la tarde, fui llamada a palacio. La primera vez que había ido al Grand Palace, fui a la cámara de audiencia, donde el emperador recibía a los embajadores y diplomáticos. Esta vez, fui invitada al Jubilee Palace, su hogar. Me sentía muy honrada. Su pequeño perro, Lou Lou, estaba ahí, Lou Lou y yo jugamos juntos. Dicho sea de paso, Lou Lou fue honrado al ser el único perro al que le permitieran entrar en Disneylandia.

Más tarde el emperador me dijo: "Ruth, cuando Dios de te dé una palabra para cualquier cabeza de estado, no dudes, ve y cúmplelo". Sentí que esa era una de las mayores indicaciones que recibiera de cómo mi visita le había ministrado.

Supongo que fui una de las últimas personas que le ministró antes que los problemas llegaran. En la profecía Dios le previno de lo que iba a suceder y le dio una respuesta.

En la presencia de un rey, existe un gran sentido de majestad y temor reverente.

Cuando le vi, caí como muerto a sus pies. Y él puso su diestra sobre mí, diciéndome: No temas; yo soy

el primero y el último; y el que vivo, y estuve muer-
to; mas he aquí que vivo por los siglos de los siglos,
amén. Y tengo las llaves de la muerte y del Hades.
Apocalipsis 1:17-18

Hay una hermosa canción que nació del avivamiento de los años cincuenta:

¡Mirad! ¿qué clase de hombre es este
que está entre Dios y el hombre?
Sus ojos son como flama de fuego.
Su aventador está en Su mano.
Juan lo miró en las siete iglesias.
Como el sol en su brillo
¡Mirad! ¿Qué clase de hombre es este?
¿Qué clase de hombre es El?

Coro:
El es el Señor de la gloria.
El es el gran Yo Soy.
El Alfa y Omega.
El Principio y el Fin
Su nombre es Admirable.
El Príncipe de Paz es El.
El es el Padre Eterno
Por toda la eternidad. — por Phyllis Speers

El Rey es terrible, imponente y sublime. Servir al Rey
no es, sin embargo, algo que deba causar temor. No

entiendo por qué pensamos que la voluntad de Dios siempre tiene que ser algo difícil. Muchos cristianos están tan confundidos en este punto, que si algo es duro, entonces piensan que debe ser la voluntad de Dios.

Servir al Rey es un gozo. Yo he sido tan bendecida. La voluntad de Dios ha sido deleitable. Ha sido placentera. Es verdad, que un día he estado en un palacio, y al otro en un suelo de barro en algún pueblito remoto. Pero ambas experiencias fueron igualmente gratificantes. Cuando tú vas como embajador del Rey de reyes, las circunstancias de la vida no importan más.

El Rey de la gloria merece una generación escogida. El merece un sacerdocio santo. El merece una nación santa. El merece un pueblo único. El merece que *"anunciéis las virtudes de aquel que os llamó de las tinieblas a su luz admirable"* (1 Pedro 2:9).

Póstrate delante de El.

¡Adora al Rey!

Adorando al Amado: intimidad

I Look Upon Your Face

Word and Music by Ruth Heflin

I look upon Your face........, and wor..ship You, my Lord........... . look up...........on Your face..........., and .... wor..........ship You, my Lord ....

Verse 2: I worship you, my Lord.

¡Oh, si él me besara con besos de su boca!
Porque mejores son tus amores que el vino.
A más del olor de tus suaves ungüentos,
Tu nombre es como ungüento derramado;
Por eso las doncellas te aman.

Salomón

En los primeros días, durante el desarrollo de mi relación con el Señor en adoración, frecuentemente miraba Sus pies mientras me postraba ante El. Tal parecía ser que hasta ese punto se extendía mi fe en adoración; pero, según mi fe fue creciendo, El no me dejó ahí, a Sus pies. Poco a poco, la relación creció hasta que me paré ante Su presencia, y Le miré cara a cara.

Empezamos por conocerle como Rey. Eso, en sí mismo, es glorioso. Pero El quiere llevarnos más lejos. El quiere que Le conozcamos, no solamente como Rey, sino como el Novio Celestial. El quiere que Le conozcamos como el Amado, el Amante de nuestras almas, y El a Quien nuestras almas aman.

Cuando adoramos, derramamos nuestros corazones a El. Derramamos nuestro amor a El. Nosotros, en occidente, vacilamos en permitir que nuestras emociones se hagan evidentes. Continuamente las suprimimos hasta que necesitan ser despertadas nuevamente. Dios desea que cada uno de nuestros sentidos estén vivos para El. El desea que tú te emociones profundamente con el sonido de Su voz. El desea que tú te estremezcas con el toque de Su mano. El desea que tú sientas una viva emoción a la vista de Su rostro. El desea que tú estés profundamente conmovido cuando El se acerca.

Cuando alguien está empezando a adorar, y se ve a sí mismo no tan conmovido como deberían estar por la presencia del Señor, yo lo animo a ayunar un poco. El ayuno disminuye lo natural e incrementa nuestra sensitividad en el Espíritu. Uno desarrolla una agudeza. Da libertad a esa cualidad de ser sensitivos que hemos suprimido una y otra vez.

Cuando el aliento del Espíritu Santo sopla hacia ti, debe haber una respuesta inmediata de tu parte: "Te amo, Señor. Te adoro". Permite que tus labios se conviertan en *"la pluma de un escribiente ligero"*. Derrama tu alma a El.

Podrías estar sintiendo que todos pueden adorar mejor que tú. Todos los demás parecen ser tan elocuentes, tan hábiles para articular las palabras, mientras que tú luchas con tus inhibiciones. Eso no es verdad. Tal vez ellos pueden hacer una mejor pizza que tú. O podrían hacerlo mejor que tú en un trabajo en particular. Pero tu alabanza se distingue, es única, tuya. Ella toca el corazón de Dios. El anhela oír TUS palabras de amor, la expresión de TU corazón, los gemidos de TU espíritu. Aún, si ella brota como la más simple expresión de tus labios, aún siendo tan sólo suspiros, no te compares a ti mismo con los demás. Dios desea TU adoración.

Tu esposo se casó contigo porque te amaba a ti. No fue porque no hubieran millones de otras mujeres. Su corazón se sintió atraído a ti. De la misma manera, el corazón de Dios se siente atraído a nosotros individualmente, como si no hubiera nadie más en el mundo. Tú podrías decir: "El tiene todos esos otros cristianos que le aman". Pero El no estará satisfecho a menos que TU derrames TU amor hacia El. No puedes esperar que alguna hermana en el coro realice la adoración por ti. Debes realizarla tú mismo. El espera por TI.

Clama en Su presencia, no de dolor, sino de éxtasis. El quiere que nosotros conozcamos el éxtasis de esta relación íntima con El. Adórale. Póstrate ante El. El Padre buscaba adoradores.

Como adoradores necesitamos conocer ese gran libro de adoración, el Cantar de los Cantares. Procura conocerlo hasta que se haga parte de ti. Después de poco, casi lo sentirás como si tú mismo lo hubieras escrito. Salomón sólo se te adelantó un poco, y lo puso por escrito en el papel. Al principio, sentirás que ojalá hubieras podido tener esa habilidad para escribirlo. Más tarde, mientras te adentras más y más en la adoración, sabrás que bien podrías haberlo escrito tú mismo, puesto que sientes las mismas experiencias donde Dios hace hablar los labios *de aquel que duerme"*. Dios abrirá tu corazón y tocará la profundidad de tu ser, exactamente de la misma manera.

En hebreo, llamamos este libro *"Shir Hashirim"*, *"El Cantar de los Cantares"*, en vez de *"El Cantar de Salomón"* (como, a veces, es traducido). No temas a sus palabras:

> *¡Oh, si él me besara con besos de su boca!*
> *Porque mejores son tus amores que el vino.*
> *A más del olor de tus suaves ungüentos,*
> *Tu nombre es como ungüento derramado;*
> *Por eso las doncellas te aman.*
>
> Cantar de los Cantares 1:2-3

Recientemente, unos arqueólogos, excavando en Israel, encontraron una botella de dos mil años de edad con aceite todavía dentro de ella. Ellos informaron que el aceite era como la miel en consistencia, y que estaban seguros de que éste era el tipo de aceite utilizado para el ungimiento sacerdotal.

Usualmente imaginamos el santo aceite de la unción como ligero. Era espeso, denso y pegajoso. ¡Qué maravilloso aceite! *"Tu nombre es como ungüento derramado"*.

Enamórate de Jesús tanto que tengas especial cuidado al mencionar Su nombre. Siempre dilo con amor y lleno de expresión. A veces, la adoración más grande es tan sólo susurrar: "Jesús", sólo decir Su nombre y permitir que la fragancia de Su nombre inunde tu alma. He estado en reuniones donde la fragancia de Dios de pronto ha inundado un auditorio. El ha caminado entre nosotros, mientras pronunciábamos Su nombre.

En la primavera de 1989, yo estaba en una reunión como esas. De repente, parecía que alguien hubiera abierto el más caro de los perfumes para derramarlo. Era algo que París nunca hubiera podido duplicar. Cuando la fragancia llenó la habitación, había una sensación de la gloria de Dios. Era hermoso.

Hace algunos años, la hermana Janet Saunders y yo fuimos juntas a la Iglesia del Santo Sepulcro de Jerusalén el viernes santo. La Semana Santa es muy especial en Jerusalén, aún más especial que la Navidad en Belén. Nosotros, a menudo, estamos presentes para el servicio del lavado de los pies el jueves en el patio, pero no siempre vamos el viernes santo, porque las multitudes son increíbles. Aquel día yo me abrí paso por la multitud hacia la "piedra de la unción" donde, de acuerdo con la tradición, ellos dejaron a Jesús (cuando Le habían bajado de la cruz), para ungirle y poner especias en Su cuerpo antes de sepultarlo. Lo que miré ahí era profundamente conmovedor. Humildes peregrinos de Chipre, Rodas, Creta y Grecia, como también de Jerusalén, habían venido, cada uno con un frasco del mejor perfume. Los miré acercarse a la piedra de la unción, quitar la tapa y derramar el perfume, sin guardar ni siquiera una gota.

Algunos tomaban flores, arrancaban los pétalos y los esparcían por el alrededor. Habían rosas y claveles, etc. mezclando sus varias fragancias.

Los que adoraban estaban llorando. Mi trasfondo no litúrgico no me preparó para semejante visión. Pero mi espíritu fue profundamente tocado. Me quedé allí horas llorando. Pensé: "Jesús, en todos mis años de servirte, nunca había sido testigo de tan grande amor derramado hacia Ti por tanta gente al mismo tiempo". Yo sólo sentía no haberlo sabido antes para llevar un frasco de perfume y derramarlo al Señor.

El último viernes santo estuvimos muy ocupados. Algunos grupos turísticos habían estado en la ciudad la semana anterior. Teníamos dos servicios, uno en la mañana, y otro en la tarde del Viernes Santo. Me pasé pensando todo el día que me gustaría ir a la Iglesia del Santo Sepulcro. Pero, no fue posible.

Cuando la hermana Paracleta (una humilde monja de una familia de origen real de Nigeria) vino al servicio del Amanecer de Pascua, me di cuenta de que no la había visto esa semana.

"Querida, ¿dónde ha estado?", pregunté.

"¡Oh, mama mía!", exclamó entusiasmada en italiano, (ella vivió y estudió en Roma por un tiempo). "Estuve en la Iglesia del Santo Sepulcro toda la semana santa. Me quedaba ahí por la noche y oraba noche y día".

Difícilmente podía contener su emoción mientras continuaba: "¿Recuerda el perfume que nos trajo cuando volvió de su último viaje a América? Yo guardé el mío. Ni siquiera usé una gota. Lo llevé a la piedra de la unción el viernes. Estaba tan emocionada de tener perfume para ofrecer al Señor. Quité la tapa y derramé todo el frasco de perfume".

Me alegré de que alguien a quien conocía lo hubiera derramado. Sentí como si yo misma hubiera estado ahí derramando el mío.

Cuando tú y yo adoramos, estamos destapando nuestro frasco de perfume y derramándolo. De ninguna manera seamos escasos, dándole a El tan sólo un golpecito o dos. Seamos pródigos, generosos. Vamos a dejar que el amor fluya desde el fondo de nuestro ser. Vamos a adorarle con palabras de amor. ¡El es digno! ¡Adórale!

¿Qué es lo que quieres ser? Yo quiero ser adoradora.

¿Qué es lo que esperas del futuro? Yo quiero ser adoradora.

¿Qué es lo que el Padre está buscando? El Padre está buscando adoradores.

Dios nos enseñará cómo adorar. El nos ungirá con adoración. El creará adoración de dentro de nosotros. El tocará lo profundo de nuestro ser y nos permitirá ser de aquellos que verdaderamente Le adoran en Espíritu y en verdad.

Una vez, cuando ministraba a unos amigos católicos en Inglaterra sobre este tema, uno de ellos dijo: "Me asombra que Ud. enfatice el Cantar de los Cantares y el libro de Apocalipsis. Estos eras los libros con los que los grandes santos del primer siglo, los padres de la Iglesia estaban familiarizados. Mucha gente no lee el Cantar de los Cantares porque no lo entiende, y mucha gente lee el Apocalipsis solamente desde el punto de vista de las aflicciones y los eventos del fin del tiempo, más que del punto de vista del aspecto de la gloria".

El Cantar de los Cantares no es una alegoría. Si alguna vez has leído una carta de amor, o un diálogo en el cual ves:

El dijo: "..."
Ella dijo: "..."
El dijo: "..."
Ella dijo: "..."
El dijo: "..."
Ella dijo: "..."

... y luego un comentario de lo que él dijo, y de lo que ella dijo, no deberías tener ningún problema con este libro. Es el poema de amor del Novio para la Novia y de la Novia para el Novio.

Algunos dicen: "Ni siquiera puedo leer palabras como esas". Había un hermano entre nuestros fieles que siempre titubeaba cuando yo enseñaba sobre el Cantar de los Cantares. Aquellas tiernas palabras lo desconcertaban.

¿Diría el Señor: *"Tu eres mi amor, tú eres mi paloma?"*, se preguntaba. El no era el único que tendría dificultad al leer esas palabras en alta voz. Entonces el Señor empezó a darle una nueva y hermosa experiencia. El empezó a profetizar en poesía. Probablemente, él nunca antes había leído poesía. Sin embargo, su expresión profética brotaba con una hermosa forma poética. El se sentaba y lloraba, anonadado por la belleza que Dios hacía brotar de sus burdos labios.

Dios quiere que tú tengas la habilidad de hablar palabras de amor para El. Estoy segura de que la mayoría de nosotros no Le hemos hablado con la ternura que El quisiera. Hagámoslo en los días subsiguientes. El leer el Cantar de los Cantares te ayudará. Ampliará tu habilidad de adorar. Te dará la habilidad de decir al Señor cuánto Le amas. Algunas de las descripciones del Señor que se encuentran ahí son tan bellas.

> *Mi amado es para mí un manojito de mirra,*
> *Que reposa entre mis pechos.*
> *Racimo de flores de alheña en la viñas de En-gadi*
> *Es para mí mi amado.*
> *He aquí que tú eres hermosa, amiga mía;*
> *He aquí eres bella; tus ojos son como palomas.*
> *He aquí que tú eres hermoso amado mío, y dulce;*
> *Nuestro lecho es de flores.*   1:13-16

> *Como el manzano entre los árboles silvestres,*
> *Así es mi amado entre los jóvenes;*
> *Bajo la sombra del deseado me senté,*
> *Y su fruto fue dulce a mi paladar.*   2:3

> *¡La voz de mi amado! He aquí él viene*
> *Saltando sobre los montes*
> *Brincando sobre los collados.*
> *Mi amado es semejante al corzo,*

O al cervatillo.
Helo aquí, está tras nuestra pared,
Atisbando por las celosías.   2:8-9

¿Quién es esta que sube del desierto como columna
de humo,
Sahumada de mirra y de incienso
Y de todo polvo aromático?   3:6

¿Qué es tu amado más que otro amado,
Oh la más hermosa de todas las mujeres?
¿Qué es tu amado más que otro amado,
que así nos conjuras?
Mi amado es blanco y rubio,
Señalado entre diez mil.
Su cabeza como oro finísimo;
Sus cabellos crespos, negros como el cuervo.
Sus ojos como palomas junto a los arroyos de
las aguas,
Que se lavan con leche, y a la perfección colocados.
Sus mejillas, como una era de especias aromáticas,
como fragantes flores;
Sus labios, como lirios que destilan mirra fragante.
Sus manos, como anillos de oro engastados de
jacintos;
Su cuerpo, como claro marfil cubierto de zafiros.
Sus piernas, como columnas de mármol fundadas
sobre basas de oro fino;
Su aspecto como el Líbano, escogido como los ce-
dros.

Su paladar, dulcísimo, y todo él codiciable.
Tal es mi amado, tal es mi amigo,
Oh doncellas de Jerusalén.   5:9-16

Hay un propósito en todo esto. El quiere que tú veas Su rostro. El quiere que tú mires Sus ojos. El quiere que tú mires Sus mejillas. El quiere que tú le conozcas de una manera en que nunca antes Le hayas conocido hasta hoy.

Los judíos creen que el Cantar de los Cantares se dio en la dedicación del Templo. Algunos dicen que este cantar era más importante que el Templo, y, aunque es un libro breve, ha sido de tanta bendición para nosotros.

Si tienes cintas de cassette de la Biblia, busca aquella del Cantar de los Cantares. Hazla tocar en tu carro y escúchala una y otra vez. Permítela internarse en tu espíritu. Entonces, cuando adores, encontrarás que tienes una nueva profundidad de expresión.

Dios desea despertar tu corazón al amor. El quiere despertar tu corazón a la adoración. El quiere despertar en ti la habilidad de adorarle.

En su libro *"La cuarta muralla, Jerusalén y China"*, Susan ha hablado sobre la iglesia en China, *"The Three-Self Movement"* es la iglesia reconocida en China (en base a tres principios que rigen su autonomía), y ha sido severamente criticada por algunos en Occidente, quienes han pensado de ella como de un instrumento del gobierno. No creemos que eso sea así.

Yo he estado en muchas de las iglesias oficiales a través de toda China, y he descubierto que es la única iglesia en el mundo donde cuando dices a la gente: "Vamos a orar", todos los presentes oran. Ellos no oran audiblemente, pero tú puedes ver el espíritu de oración de ellos. Qué hermoso ver una congregación entera, sin que nadie esté mirando distraído, o soñando de día, o planeando el menú de la cena de hoy, o haciendo cualquier otro plan. Ellos oran. Y se concentran, de tal manera que se olvidan de todo lo demás.

La verdadera adoración es como esto. Debemos poder ir a casa, saliendo de la Casa del Señor sabiendo que en algún momento en el culto hemos derramado nuestros corazones en amor y adoración ante El. Si nos resolvemos a que nunca iremos a la Casa del Señor sin que derramemos lo profundo de nuestro espíritu a El en adoración, El se agradará. El se deleita en un pueblo que se deleita en El, no solamente en lo que El hace por nosotros, sino en Quien es El.

La adoración es una actitud del corazón, en la cual el corazón se postra ante Dios. Nadie más está presente. No hay otro pensamiento en tu mente que no sea Dios. No has venido con una petición. No has venido porque necesitas ser curado. No has venido en razón de otra necesidad. Has venido porque Le amas tanto y sientes la necesidad de expresar ese amor. **La adoración son momentos de amor.** El derrama Su amor a nosotros, y nosotros derramamos nuestro amor a El.

La novia que aguarda en el Cantar de los Cantares

no dice: "Yo Le amo porque El me ha sanado; me salvó, me libró; me guió". Ella dice: *"Este es mi Amado.*
Este es mi Amigo".

El Señor quiere que Le conozcamos tan íntimamente
que podamos presentárle a otras personas describién-
dole, compartiendo de nuestra experiencia personal, de
haberle visto, de haber oído Su voz, de haber sentido
Su toque.

Por años, he guiado a la gente en alabanza por el micrófono. La primera vez que traté de conducir la
adoración congregacional, me sentí tan inhibida. La
adoración es tan íntima. Me sentí desnuda y al descubierto en frente de la congregación. Pensé: 'Nunca podré
hacerlo'. El Señor me dijo que si yo no lo hacía, entonces quién ayudaría a enseñar a la gente como adorarle
a El en la intimidad. Por Su gracia he continuado avanzando al guiar a los demás en adoración pública. Todos
nosotros nos estamos sintiendo más libres en Su presencia.

Algunas de las más hermosas expresiones de amor
han salido de entre la gente joven, de los jóvenes creyentes. *"De la boca de los niños y de los que maman"* hemos
oído a Dios perfeccionando la alabanza. Su amor por
el Señor es tan fresco, tan contagioso. Dios desea que
cada uno de nosotros Le ame tanto que sea contagioso
que otros quieran amarle de la misma manera.

Cuando estaba sirviendo al Señor en Hong Kong siendo una jovencita, una de las críticas que recibí era que
tendía a venir a la iglesia "en las nubes", ilusionada

por Jesús. Muchos de mis amigos en la iglesia tenían un trabajo de tiempo completo de 8 a 4 en la iglesia. Muchos de ellos sentían que si trabajaban de 8 a 4 para Dios, no querían llevar su trabajo a casa con ellos. Si salían socialmente, no querían hablar de Dios en la tarde. Dios era su trabajo de 8 a 4. Ellos querían hablar de cualquier otra cosa durante el resto del tiempo. Recibí muchas críticas por hablar de Dios después de las horas de trabajo. No puedo evitar hablar de El todo el tiempo, en cualquier momento, en cualquier lugar, en todo lugar.

Tu amor por Jesús debe ser tan contagioso que otros digan: "Yo quiero amar a Dios como esa persona. Quiero una nueva relación. Yo quiero poder describirle como el amor de mi alma. No quiero inhibirme en mis expresiones de amor para el Señor". (Si podemos hablar libremente sobre cualquier otra cosa, Dios quiere que nosotros tengamos la habilidad de hablar íntimamente sobre El).

Cuando comenzó el derramamiento carismático, fui muy bendecida porque estaba en Hong Kong, y tuve el privilegio de ayudar a organizar conferencias para hombres como el hermano David du Plesis, el hermano Ed Stube, y otros. Estos hombres, a menudo, decían que las palabras más difíciles de pronunciar para el cristiano nominal eran: "Te amo, Jesús". Esto es hasta que fueron llenos del Espíritu Santo. Después de hablar en lenguas, sin embargo, estas fueron las primeras palabras que se hablaron en su propio idioma.

Dios está trayendo un nuevo día de gloria en el que seremos capaces de derramar nuestro amor continuamente a El sin vacilación, sin ninguna confusión o desconcierto. Nuestra descripción de El debe ser: *"Su paladar, dulcísimo, y todo él codiciable"*.

En el Cantar de los Cantares, El nos llama a los campos. El dice: *"Ahí yo te daré mis amores"*. El nos llama aparte de manera que podamos oír Su voz, esa voz *"como el sonido de muchas aguas"*.

Enamórate de El, adórale. Mientras más Le adores, más íntimamente Le conocerás. Mientras más íntimamente Le conozcas, más querrás saber de El. Si realmente conoces al Señor, no hay lugar para la indiferencia. Si todavía estás manchado por la indiferencia, estás viviendo muy cerca del mundo. Estás demasiado involucrado en las cosas de la vida. Mientras más cerca vivas de El, más querrás oír Su voz. ¡Oh, la emoción viva de Su voz durante la noche, aún cuando esté corrigiéndonos!

Estaba en el hogar de la Doctora Elizabeth Vaughan y la Señora Geri Morgan en Dallas. Un día cruzaba la ciudad conduciendo el Rolls Royce de Beth. Si el Señor iba a reprenderme, no debió haberlo hecho mientras conducía aquel hermoso Rolls. Me dijo tan claramente: "Mis caminos no son tus caminos. Mis pensamientos no son tus pensamientos". Me emocioné. Estaba siendo reprendida, pero estaba siendo reprendida por el Señor. ¡Qué maravillosa voz! ¡Reprendida por el Señor! No me molestaba para nada.

"Háblame, Señor, aún si es Tu amante reprensión".
Me emocioné tanto ese día.

"Mis caminos no son tus caminos. Mis pensamientos
no son tus pensamientos".

Pensaba que sí estaba conociendo Sus caminos y Sus
pensamientos.

"Mis caminos no son tus caminos. Mis pensamientos
no son tus pensamientos".

Sus caminos son más altos. Sus pensamientos son más
altos. El continuamente nos llama de lo terrenal a lo
celestial, de lo natural a lo sobrenatural. ¡Oh, el sonido
de Su voz! El puede reprenderme cuando El quiera.

Como norteamericanos, uno de nuestros problemas
es que oímos muchos sonidos. Oímos muchas voces.
Hay aún demasiados sonidos del ministerio. Yo bro-
meo con la gente (ya que yo misma tengo mis
grabaciones a disposición) diciéndoles que quiero producir una cinta de audio titulada *"Aprendiendo a oír
la voz del Señor"* para venderla en toda América. Y
cuando la pones en tu tocacintas, sólo oirás el silencio
por una hora entera.

"Aprendiendo a oír la voz del Señor" ¡Una hora
de silencio!

Aquellos de nosotros que vivimos en el extranjero nos
encontramos a nosotros mismos en lugares donde no
hay nadie con quien podamos hablar. He viajado en
trenes, en buses, en aviones cuando no había nadie más
a quien hablarle en inglés. Así que aprendí a estar en
comunión íntima con el Señor.

En los Estados Unidos estamos constantemente bombardeado de sonido. Debemos aprender a sintonizarnos con la suave voz del Salvador. *"Su voz es como el sonido de muchas aguas"*. ¡Oh, la viva emoción de Su voz! No puede haber emoción más grande en el mundo. Si le damos la espalda, si suprimimos el oír Su voz, si no apreciamos Su voz y más bien oiremos algo más, El se irá a otro lugar y le hablará a otro. Pero, si amamos el sonido de Su voz, El nos hablará con regularidad.

¿Alguna vez has llamado a alguien para decirle "Extraño el sonido de tu voz"? ¿Has entrado en la presencia de Dios para decirle: "Déjame oír Tu voz; no Te pido que me digas que soy bueno, no Te pido que me digas que soy maravilloso, ni siquiera Te pido que me digas algo que hacer o a dónde ir, sólo quiero oír Tu voz"? Deberías hacerlo. El espera oírlo.

Con deleite, la Novia en el Cantar de los Cantares dice:

> *¡La voz de mi amado! He aquí el viene*
> *Saltando sobre los montes,*
> *Brincando sobre los collados.*   2:8

Y como respuesta, El tiernamente nos dice:

> *Prendiste mi corazón, hermana, esposa mía;*
> *Has apresado mi corazón con uno de tus ojos,*
> *Con una gargantilla de tu cuello.*
> *¡Cuán hermosos son tus amores, hermana, esposa mía!*

¡Cuánto mejores que el vino tus amores,
Y el olor de tus ungüentos que todas las especias
aromáticas!
Como panal de miel destilan tus labios, oh esposa;
Miel y leche hay debajo de tu lengua;
Y el olor de tus vestidos como el olor del Líbano.
Huerto cerrado eres, hermana mía, esposa mía;
Fuente cerrada, fuente sellada.
Tus renuevos son paraíso de granados, con frutos
suaves,
De flores de alheña y nardos;
Nardo y azafrán, caña aromática y canela,
Con todos los árboles de incienso;
Mirra y áloes, con todas las principales especias aro-
máticas.
Fuente de huertos,
Pozo de aguas vivas,
Que corren del Líbano.   4:9-15

Yo dormía, pero mi corazón velaba.
Es la voz de mi amado que llama:
Abreme, hermana mía, amiga mía,
paloma mía, perfecta mía,
Porque mi cabeza está llena de rocío,
Mis cabellos de las gotas de la noche.   5:2
Hermosa eres tú, oh amiga mía, como Tirsa;
De desear, como Jerusalén;
Imponente como ejércitos en orden.
Aparta tus ojos de delante de mí,

Porque ellos me vencieron.
Tu cabello es como manada de cabras
Que se recuestan en las laderas de Galaad.
Tus dientes, como manadas de ovejas que suben del
lavaderos,
Todas con crías gemelas,
Y estéril no hay entre ellas.
Como cachos de granada son tus mejillas
Detrás de tu velo.
Sesenta son las reinas, y ochenta las concubinas,
Y las doncellas sin número;
Mas una es la paloma mía, la perfecta mía;
Es la única de su madre,
La escogida de la que la dio a luz.
La vieron las doncellas, y la llamaron bienaventu-
rada;
Las reinas y las concubinas, y la alabaron.
¿Quién es esta que se muestra como el alba,
Hermosa como la luna,
Esclarecida como el sol,
Imponente como ejércitos en orden?   6:4-10

El nos ama tanto.

Es bueno comparar al Señor con todas las mejores cosas de la vida. Sé que no hay comparación, pero a El le gusta oírnoslo decir. Ustedes caballeros, sus esposas saben que ellas son las mejores, pero les gusta que se lo digan. Ellas quieren que se les recuerde porqué ellas son las escogidas. Dile al Señor porqué El es *"el más hermoso entre diez mil".*

No le temas a la intimidad. En el Cantar de los Cantares, la relación varía: El es Rey, Pastor, el Amor del alma de ella, el Amado. Acércate a conocerle de todas estas maneras.

Algunas personas se enojan con Dios. Si debes enojarte, enójate con cualquiera, pero no lo hagas con Dios.

Cuando mamá y papá salieron por primera vez en el ministerio, habían invertido todo su dinero en una carpa. Los dos habían dejado sus trabajos. Durante el primer avivamiento que condujeron, una tormenta echó abajo la carpa. Papá estaba tan enojado que decidió volver a casa y regresar a su trabajo secular. Debe haber estado hablando contra Dios porque recuerda que mamá empezó a llorar y le dijo: "Wallace, no hables de Jesús de esa manera". Eso conmovió a papá. El era tan fuerte y mamá tan frágil.

"Si mi pequeña esposa puede tomar este revés y no tambalear, si ella puede aceptar las pruebas, entonces yo también. Yo soy un hombre grande y fuerte". El nunca quiso volverlo a repetir. Fueron las palabras de mi madre las que le conmovieron.

Si te enojas, no hables contra Jesús. En toda situación todo en El es hermoso. No encuentro falta en El. Todos Sus caminos son altos. Todos Sus caminos son santos. Todos Sus caminos son gloriosos.

¡Adora al Amado en la intimidad!

La gloria

Luego ... ¡permanece en la gloria!

El ámbito de gloria

He Is So Beautiful

ANDANTE

Words and Music by Ruth Heflin

Por tanto, nosotros todos, mirando a cara descubierta como en un espejo la gloria del Señor, somos transformandos de gloria en gloria en la misma imagen, como por el Espíritu del Señor.

Pablo

¿Qué es el ámbito de gloria? Es el ámbito de la eternidad. Es la revelación de la presencia de Dios. Es la manifestación de Su presencia. El es la gloria. El está en todo lugar, pero la gloria es la manifestación de esa realidad. La tierra tiene aire en la atmósfera, mientras que la atmósfera celestial es la gloria, Su presencia. Cuando la gloria desciende, es como un poco de la atmósfera del cielo descendiendo a nosotros, una participación de Su presencia manifiesta.

¿No podemos ver el aire, no es así? Pero todos nosotros estaríamos muertos si no lo respiráramos. No estamos conscientes del aire, a menos que veamos el viento que sopla las hojas de los árboles. Sin embargo, la tierra está cubierta por él. De la misma manera, ni siquiera una pulgada del cielo carece de gloria. Ahora,

Dios nos está permitiendo gustar de esa gloria, el Cielo manifestado en la tierra.

Dios está revelando Su gloria visible a muchas personas. Yo estaba dando una charla en la iglesia del Dr. Fucia Pickett en Dallas. Un hermano vino a mí después del servicio y me dijo: "Hermana Ruth, mientras Ud. estaba hablando, vimos la gloria como una nube entrar y empezar a levantarse en los corredores, cubriendo lentamente a la congregación. Mientras más hablaba, más la nube se levantaba. Para cuando Ud. terminó, estaba sobre las cabezas de toda la gente. Ud. estaba en la plataforma, y la gloria continuó levantándose hasta que todo lo que pudimos ver que era su cabeza.

Han habido ocasiones cuando yo he hablado en que la gente ni siquiera ha podido verme. Ellos pudieron ver solamente la luz de la gloria de Dios. Muchas veces, la gente me ha dicho que mientras yo estaba predicando ellos miraban una nube como la figura de un hombre que se quedaba a mi lado mientras ministraba. La nube también ha sido vista sobre mí, a lado mío, detrás de mí, frente a mí, y sumergiéndome.

A veces, la gloria desciende como gotas de rocío. A veces, desciende como gotas doradas de lluvia. A veces, viene como un pilar de nube. A veces, viene como un pilar de fuego. A veces, viene como niebla. Algunas personas ven pequeños destellos, el polvo de gloria que cae de Sus vestiduras. Algunos la ven como humo gris o amarillo. La gente la ve de diferentes maneras. No importa exactamente cómo veas la gloria, sólo mírala.

Uno de nuestros jóvenes en Jerusalén vio la gloria y la describió como un gigante confite de malvavisco. Bueno, si se veía como un *marshmallow* para él, está bien. Algunos ven el fuego de Dios descendiendo como una bola de fuego o en lenguas de fuego. El vocabulario con el que describimos la gloria no es lo importante. Experimentarla es lo importante. Dejemos que la gloria caiga en medio del pueblo de Dios, la gloria de Su presencia.

Así como creemos en una alabanza creada y en una adoración creada, creemos en una gloria creada.

> *Y creará Jehová sobre toda la morada del monte de Sion, y sobre los lugares de sus convocaciones, nube y oscuridad de día, y de noche resplandor de fuego que eche llamas; porque sobre toda gloria habrá un dosel [cubierta a manera de techo],* Isaías 4:5

Sólo estamos empezando a ver del Día glorioso del Señor. Dios nos ha mostrado que cada día podemos experimentar la gloria a través de la simplicidad de la alabanza y la adoración. No es que no hayamos tenido alabanza en la iglesia. No es que no hayamos tenido adoración en la iglesia. Y no es que no hayamos tenido gloria en la iglesia. Pero, no sabíamos cómo la alabanza y la adoración funcionaban juntas para traer la gloria.

No importa si estoy orando sola, con tres o cuatro más, o con tres o cuatro mil; si yo alabo y continúo alabando hasta que el espíritu de adoración llegue, y continúo adorando, pronto la gloria llega. Debemos tomarnos tiempo para adorar, como nos hemos tomado tiempo para alabar.

No debe tomarnos horas. A medida que aprendes a fluir en el Espíritu, puedes llegar más rápidamente al lugar secreto.

Jacob vio la escalera con los ángeles ascendiendo y descendiendo. En Hebreo, la palabra para escalera es *"sulam"*. Tiene un valor numérico de 136. De manera similar, la palabra que significa voz, *"kol"*, tiene el valor numérico de 136. Entonces la voz se convierte en la escalera de ascenso. Los ángeles regularmente nos están mirando en nuestras reuniones. Ellos vienen porque nuestra alabanza y adoración crea la atmósfera del cielo. La alabanza y la adoración traen la atmósfera del cielo. El Señor hace descender la gloria hacia nosotros y nos hace subir hasta la gloria. ¿Tienes hambre de la gloria?

Nunca pienses que has ido más allá de la alabanza. La alabanza siempre es necesaria. Es la llave, es el entrar, es el ascenso. A menudo, la gente trata de empezar el servicio adorando. Simplemente no funciona de la misma manera. Dios nos honra en razón del hambre de nuestros corazones. Pero, si queremos experimentar una adoración profunda, necesitamos una alabanza vibrante primero. Si tenemos una alabanza vibrante, tendremos una adoración profunda después. Y tendremos la totalidad de la gloria de Dios manifestada.

Tal vez nunca has oído el sonido de la gloria. Hace

algunos años, un domingo de Pascua en Jerusalén, tuvimos un día muy atareado. Mi hermano partía esa mañana temprano con el grupo de su tour para cruzar la frontera del Jordán de camino de regreso a los Estados Unidos. El día empezó para nosotros con el servicio del amanecer. Luego, recibimos mucha gente para el desayuno y fuimos a despedir al grupo. Tuvimos nuestro servicio del domingo y luego el almuerzo. En la tarde, fuimos a oír un coro cantar *"El Mesías"*. Para cuando llegamos, más o menos cerca de las seis, para el servicio de la noche, me preguntaba si nuestra gente estaría demasiado cansada como para que el culto no resulte bueno.

Mientras comenzábamos el servicio, Karen Stage, una de nuestras jovenes dio una palabra. No estoy segura de que fuera una palabra de alabanza o de profecía, pero había un sonido de eternidad en su voz que era tan glorioso. Fue refrescante. Fue como si en un segundo hubiéramos tenido todo un mes de vacaciones. Estábamos listos para el servicio. Ella trajo la eternidad a la reunión con su voz. Era el sonido de la gloria.

Si Hitler pudo controlar a las masas en un sentido negativo con su voz, entonces Dios tendrá un pueblo que tenga unción en sus voces. Cuando ellos hablen, la gloria de Dios será manifestada.

Algunos criticaban al hermano Roland Buck y sus experiencias con los ángeles las cuales relata en su libro: "Angeles en Asignación". Cuando el libro fue publicado por primera vez, mamá trajo una copia consigo cuando visitó Jerusalén. Mientras lo leía en alta voz para mí, llorábamos juntas. Nos sentíamos tan bendecidas por las historias que contaba. Ella leía un poco, y llorábamos un poco. Entonces ella leía un poco más y llorábamos un poco más. Nosotros sabíamos que era de Dios.

Durante el tiempo en que más lo criticaban, alguien nos trajo las grabaciones en las cuales él contaba la misma historia del libro. Mientras escuchaba los cassettes, pude oír el sonido de eternidad en su voz. Yo conocía ese sonido del cielo. Yo conocía ese sonido glorioso. Ni siquiera tenía que oír lo que él decía. Yo reconocía el ámbito del Espíritu. Hay un sonido de gloria que ministra hasta lo profundo del espíritu.

William Branham tenia un sonido de gloria en su voz.

Dios ha usado a Harold Bredeson, un ministro lleno del Espíritu de la Iglesia Reformada Holandesa, para bendecir a mucha gente. Siempre fui bendecida por su ministerio porque había un sonido de gloria en su voz.

Ciertas personas lo tienen, aún cuando no estén alabando o adorando. Pueden estar hablando del precio del fréjol, sobre el arroz en China, y todavía tener ese sonido de gloria en sus voces.

Jesús tenía ese sonido en Su voz. Y Dios desea ponerlo en nuestras voces. Lo obtendremos a medida que usemos nuestras voces más y más para alabarle y adorarle a El.

Gracia y paz os sean multiplicadas, en el conocimiento de Dios y de nuesto Señor Jesús.

Como todas las cosas que pertenecen a la vida y a la piedad nos han sido dadas por su divino poder, mediante el conocimiento de aquel que nos llamó por su gloria y excelencia, 2 Pedro 1:2-3

No es suficiente que la gloria de Dios sea revelada en China, Africa o Asia. Yo debo vivir en el ámbito de gloria revelado en mi vida. Mientras la gloria se revela, yo comienzo a tener gracia y paz multiplicadas para mí. La gloria actúa en nosotros para hacernos vencer en todos los aspectos. La gloria trabaja en nosotros para hacer brotar la excelencia. Debemos ser conocidos como aquellos que tienen excelentes espíritus y excelentes ministerios. La única manera en que podemos obtener esa excelencia es por conocer el ámbito de la gloria de Dios.

Algunos de ustedes estarán pensando: "Hermana Ruth, pensé que queríamos la gloria para ver milagros de sanidad y liberación". Sí, también queremos eso, y viene con la gloria. Pero no todos están enfermos, y todos y cada uno necesitamos paz y gracia.

Hace muchos años el Señor me habló en Jerusalén que debíamos tener enseñanza sobre la gloria en nuestro Escuela Bíblica. Sentí que no estaba equipada para enseñar sobre el tema. Así que llamé a la hermana Victorine Cheek, muy experimentada en el movimiento Pentecostal, quien había enseñado la Biblia por muchos años. Ella enseñaba para nosotros una vez por semana. "Hermana Victorine", le pregunté, "¿quisiera enseñarnos sobre la gloria? Dios me dijo que quería que recibiéramos algunas lecciones sobre el tema".

Ella dijo: "Sí". Pero más tarde lo pensó mejor y llamó para decir que no creía estar preparada para enseñar sobre la gloria.

Bueno, yo sabía que Dios quería que nosotros aprendiéramos más sobre la gloria, así que decidí enseñar lo que sabía. "Les voy a enseñar todo lo que sé de la gloria", les dije a nuestros alumnos el primer día, "y después tendremos que creer que la revelación de Dios brotará sobre el campo de la gloria". Y eso es lo que hicimos.

Cuando predicas sobre la salvación, la gente se salva. Cuando predicas sobre la sanidad, la gente se sana. Cuando predicas en lo que concierne a una provisión financiera, la gente empieza a actuar dentro de la provisión de Dios. Y cuando predicas sobre la gloria, empiezas a tener una revelación de la gloria de Dios.

Dios, en Su fidelidad, empezó a enseñarnos. Y mientras mirábamos lo que la gloria significaba, encontramos, sin embargo, que el enemigo de nuestras almas tenía una diversidad de tácticas para tratar de desviar nuestros ojos del Señor y Su gloria hacia los problemas diarios de la vida. Dios le dio a uno de nuestros jóvenes un coro:

> *¿Qué saldrá del fuego del Señor?*
> *¡Solamente GLORIA! ¡Solamente GLORIA!*
> *¿Y qué desearemos?*

¡Solamente la GLORIA! ¡Solamente la GLORIA!
¿Y a Quién desearemos?
¡Solamente a JESUS! ¡Solamente a JESUS!

Nos decidimos a que nada nos evitaría o distraería e insistimos en la gloria. Ahora, difícilmente hay una vez, cuando nos reunimos, en que una bella sensación de la gloria de Dios no llegue en medio nuestro.

Cuando inicialmente empezamos a utilizar la iglesia católica, San Pedro en Galicantu (*Galicantu* quiere decir *el gallo cantó*) era una increíble oportunidad ecuménica que iba mucho más allá de cualquier otro acontecimiento ecuménico en Jerusalén en ese tiempo.

No sabíamos por cuánto tiempo tendríamos el privilegio de adorar en el Monte de Sion. No conocíamos todos los propósitos de Dios para nosotros, sólo el principio. Así que le prometimos a Dios que cada noche le alabaríamos y adoraríamos a El con todo lo que teníamos dentro. Aún en noches muy frías, el Señor nos ayudó a cumplir la promesa.

Cada noche adoramos como si fuera la única noche que podíamos adorar en el Monte de Sion, aunque, en realidad, tomamos prestada la iglesia por cerca de diez años, y todavía tenemos una estrecha relación con los padres.

La alabanza es entrar en la presencia del Señor. El espíritu de adoración viene mientras entramos en el lugar de gran unción.

Alguien ha dicho que tenemos que profundizar más

para ir más alto. Yo creo que es como la pregunta del huevo y la gallina: ¿Quién es primero: el huevo o la gallina? Personalmente creo que debemos ir más alto para profundizar más. En la alabanza ascendemos. Mientras más exuberante es la alabanza, mayor será la profundidad de la adoración.

La alabanza trae la unción, pero la adoración trae la gloria. Si quieres la gloria en cada culto, también debe haber adoración en cada culto. Y, así como alabamos hasta que la unción crece, así debemos adorar hasta que llegue la gloria.

En algunos servicios, podemos tomar más tiempo en la adoración. Me gustan los cultos de la mañana, porque podemos darnos la libertad de alabar y adorar por más tiempo, de manera que la gloria pueda llegar. Cuando la gloria llega, dos cosas ocurren. Uno, el espíritu de revelación empieza a trabajar en nuestros corazones. Dos, somos cambiados por la gloria.

> *Porque el Señor es el Espíritu; y donde está el Espíritu del Señor, allí hay libertad.*
> 2 Corintios 3:17

Esa libertad viene mientras adoramos. El verso 18 dice:

> *Por tanto, nosotros todos, mirando a cara descubierta como en un espejo la gloria del Señor, somos*

*transformandos de gloria en gloria en la misma
imagen, como por el Espíritu del Señor.*

Entra en el ámbito de gloria y mira las maravillosas
cosas que Dios tiene esperando por ti.

Uno de los más importantes ingredientes para tener
la gloria revelada es la unidad. Vimos que podíamos
estar cantando la misma canción y danzando la misma
danza sin estar en el mismo espíritu. Cuando llegamos
a tener el mismo espíritu, brota la unidad. Y cuando
brota la unidad, inmediatamente cae la gloria. Tu deseo por la gloria te hace estar gustoso de poner de lado
todas las cosas menores por las cuales luchaste en el
pasado y que, en realidad, no tienen importancia a la
luz de la eternidad.

En una orquesta, cada músico afina sus instrumentos, y luego siguen al director. No están chequeando
para ver si están sincronizados con cada uno. Más bien,
mientras están sincronizados con el director, automáticamente van al mismo tiempo que cada uno de los
músicos restantes. El Señor nos mostró que si, en un
momento dado, cada uno está centrado en el Señor, eso
es unidad.

Me gustan tanto las frases del coro:

*Olvidemos nuestro ser
alabemos al Señor
con el corazón*

Una mañana todos vinimos a la reunión de oración en Belén un poco cansados de una reunión que había terminado tarde la noche anterior. Un hermano esa mañana, en más o menos dos minutos, subió al monte de Dios y ya estaba en la cima agitando su bandera. "¡Estoy aquí! ¡Estoy aquí!" Nadie más había alcanzado ni las faldas del monte todavía.

En los primeros años del movimiento Pentecostal, cuando alguien era bendecido, otros se alegraban de que haya sido bendecido, y se mantuvieron mirándole a el mientras que se gozaba. Ahora, no es así. Yo le palmeé el hombro, y le dije: "Baja, y vamos a subir todos juntos".

Este no es un día en el que una persona mira la gloria y el resto sólo nos sentamos a escuchar sus alabanzas. ¡Oh, no! Este es el día en que toda carne la verá junto con todos. No hay nada más maravilloso que la gloria siendo revelada colectivamente a una congregación entera.

Esa mañana el hermano bajó, y nosotros continuamos alabando, subiendo, hasta que cada uno empezó a fluir con los demás. Fluyendo juntos subimos más y más alto. Entonces empezamos a adorar, y la gloria vino. Después que habían pasado como dos horas, le palmeé el hombro y le dije: "¿No es mejor así?".

"Sí", admitió, "es mejor cuando todos nosotros vemos la gloria juntos". Dios nos está enseñando como hacerlo. Lo que previamente pasó individualmente está ocurriendo ahora congregacionalmente. Fue el aspecto congregacional de la alabanza lo que resultó nuevo a la gente cuando llegamos por primera vez a Jerusalén.

Alaben la misericordia de Jehová,
Y sus maravillas para con los hijos de los hombres.
Exáltenlo en la congregación del pueblo,
Y en la reunión de ancianos lo alaben.

Salmo 107:31-32

Pastores, y líderes de la alabanza, no se turben cuando tratando de conducirse en esta forma y no siempre parezca funcionar. Dios les enseñará. A veces, aprendemos más por las veces en que no lo logramos. Ahora, por lo menos, estamos conscientes de que no lo logramos. Antes, ni siquiera estábamos conscientes de ello. Simplemente continuábamos con nuestros patrones y nuestra manera de adoración.

Queremos que la gloria de Dios sea manifestada en medio de la gente en estos días. Y Dios nos está ayudando a saber cómo debemos alabarle, a saber cómo adorarle, hasta que la gloria de Dios sea revelada.

En el ámbito de la adoración, estamos más conscientes de la calidad del amor de Dios. Pero en el ámbito de la gloria estamos más conscientes de Su santidad. Es por eso que los ángeles claman: "¡Santo! ¡Santo!"

Y el uno al otro daba voces, diciendo: Santo, santo, santo, Jehová de los ejércitos; toda la tierra está llena de su gloria. Isaías 6:3

Cuando entramos en el ámbito de la gloria, no solamente entendemos porqué los ángeles claman santo, ¡sino que nos unimos a ellos!

¡El ámbito de la gloria es el ámbito de la eternidad!

La gloria trae libertad

Standing in the Glory

Words and Music by Ruth Heflin

Standing in the glo.....ry of the Lord ...., I see Him

face to face ......, my blessed Lord ....

Standing in the glo.......ry of the Lord ...., I see Him

face to face ......, my bles......sed Lord ....

Procuremos, pues, entrar en aquel reposo, para que ninguno caiga en semejante ejemplo de desobediencia.

Pablo

La primera cosa que notamos acerca del ámbito de gloria es la libertad o desenvoltura que trae consigo. La gloria trae desenvoltura en todas las dimensiones de ministerio. La gloria trae una facilidad, por ejemplo, en el ministerio de sanidad. Podremos haber orado por los enfermos en una dimensión, pero cuando nos trasladamos al ámbito de la gloria, la sanidad simplemente se produce, no hay esfuerzo.

La gloria trae facilidad en el área de las finanzas. Donde hemos pedido a la gente que dé al Señor, y, tal vez, hemos tenido que apremiarlos a hacerlo a veces, cuando la gloria viene, ellos pronta y gustosamente vacían sus billeteras.

Lo que sea que Dios nos ha llamado a hacer, en cualquier ámbito del ministerio, la gloria trae una facilidad a ello, y se lleva la lucha, el forcejeo y el esfuerzo. Te hace sentir como si estuvieras en un trineo del Espíritu Santo que va deslizándose. Simplemente le dejas al Rey de Gloria hacer el trabajo.

"¿Qué hago en las situaciones extremas de la vida?" Si puedes estar a solas con Dios y empezar a alabarle, luego trasladarte a la adoración, y permitir que la gloria descienda, te encontrarás a ti mismo como un triunfador. Encontrarás a Dios trabajando a tu favor.

Unos años atrás, cuando acababa de volver de un viaje al extranjero, entré y me interné entre nuestros hermanos en Jerusalén. Nunca había sentido la gloria de Dios como la sentí ahí ese día. Había una majestuosa sensación de Su presencia. Nunca había sentido tal reverencia antes o desde entonces. Muchos han experimentado lo que llamamos ese "silencio santo". Después de una gran alabanza y regocijo y mucha adoración, pareciera que el líder hubiera llevado a la orquesta a una quietud después del crescendo, y todos permanecen en total quietud, sintiendo la majestuosa presencia de la gloria de Dios.

Ese día en Jerusalén me sentí como nunca antes. De pronto tuve la comprensión de cuán fácilmente era levantar a los muertos y sanar cualquier forma de enfermedad. ¡Cuán fácil es en el ámbito de la gloria! ¡Cuán fácil ver a la gente saltar de la silla de ruedas y fuera de sus camillas! ¡Cuán fácil es ver los ojos ciegos abrirse y los sonidos sordos destaparse! En ese ámbito nada es imposible.

Esa gloria debió haberse quedado con nosotros por dos o tres horas. Dios nos estaba dando un anticipo, como lo hace a menudo, de un día mayor, de manera que podamos estimularnos a nosotros mismos, y a los demás, a trasladarnos a ese ámbito de la gloria.

Dios me mostró ese día que si la muerte no está obrando en mí, si no hay amargura, si no hay contienda, si no hay crítica (nada relacionado con la muerte), puedo mandar sobre la muerte. Si la muerte está obrando en mí, no tengo autoridad sobre la muerte. Si solamente la vida está fluyendo a través de mí, tengo la autoridad sobre la muerte y puedo ordenarle en el nombre del Señor. Debemos trasladarnos al poder de la resurrección de Dios. A medida que vivimos en el ámbito de la gloria, veremos lo milagroso, como el mundo nunca lo ha visto.

Katherine Kuhlman ministró en el ámbito de la gloria. Ella simplemente puso en palabras, dijo al pueblo lo que vio que Dios estaba haciendo.

William Branham ministró en el ámbito de la gloria.

Hay algunos individuos hoy en día que están aprendiendo a fluir en el ámbito de la gloria. Pero el Señor va a sacar congregaciones enteras en todo el mundo que sabrán cómo trasladarse a ese ámbito.

Si hemos aprendido a alabar, y nos hemos hecho un pueblo que alaba (donde no era así en el pasado), si hemos aprendido a adorar, y nos hemos hecho un pueblo que adora (donde no era así en el pasado), ¿no

puede Dios hacernos ser un pueblo de gloria con una
unción de gloria?

Las Escrituras dicen:

Porque la tierra será llena del conocimiento de la
gloria de Jehová, como las aguas cubren el mar.

Habacuc 2:14

Dios no está diciendo que Su gloria descenderá sobre el mundo, así no más. ¡No! Dios siempre ha
utilizado vías terrenales. Así que, si vamos a ver un incremento de la gloria en la tierra, será a través de
personas como tú y yo. Debemos sentirnos familiarizados con la gloria. Debemos experimentar el ámbito de
la gloria como nunca antes.

Cada hijo de Dios lleno del Espíritu tiene el privilegio de traer la gloria y la libertad a un culto, a sus
propias vidas, a sus hogares, a sus iglesias, a sus co-
munidades, y a su nación. Lo hacemos con nuestras
voces. El levantar la voz trae una atmósfera diferente a
un lugar.

Mi amigo, Don Walker, dice: "La productividad de
la semilla no está determinada por la semilla en sí misma. Está determinada por el suelo. El suelo preparado
por el Espíritu recibe la semilla, que, en su tiempo, produce cien veces más". En el ámbito de la gloria, somos
terreno fértil, y podemos producir cien veces más.

Cuando la gloria está presente, ya no necesitas trabajar en tu ministerio de la manera que acostumbrabas a

hacerlo. Ya no tienes que trabajar en tu negocio como solías hacerlo. Ya no tienes que trabajar con tu familia como lo hacías. Hay un descanso, una facilidad o libertad en el ámbito de la gloria.

> *Procuremos, pues, entrar en aquel reposo, para que ninguno caiga en semejante ejemplo de desobediencia.* Hebreos 4:11

El apóstol Pablo nos presenta una paradoja. Hay una lucha, una labor. Procurar requiere esfuerzo. Pero, luchas sólo para entrar. Una vez que entras conoces el descanso.

¡La gloria trae libertad!

La gloria trae revelación

Let the Glory

Words and Music by Ruth Heflin

Porque Dios, que mandó que de las tinieblas res-
plandeciese la luz, es el que resplandeció en
nuestros corazones, para iluminación del conoci-
miento de la gloria de Dios en la faz de Jesucristo.
Pablo

La gloria trae revelación. A medida que Su presencia
se manifiesta, comienzas a mirar en ese ámbito de la
gloria.

La revelación siempre principia con el Señor. La revelación puede ser simple, al principio, mientras
empiezas a mirar al Señor. Algunos ven tan sólo Sus
pies. Algunos ven sólo Su mano. Algunos ven Su rostro.

¿De dónde viene esa *"iluminación del conocimiento de*
la gloria de Dios?" Viene de la misma *"faz de Jesucristo".*
Es por eso que vengo al culto y empiezo a alabar. Luego, continuo con la adoración. Y, entonces, a medida
que adoro, empiezo a mirar al Señor. La gloria trae
unción para mirar. Estoy segura de que muchos de ustedes nunca han mirado el rostro del Señor. Puedo

asegurarte que si tú adoras hasta que la gloria llegue, empezarás a mirarle. Mientras más adores, y mientras más llegue la gloria, más verás. Llegarás al lugar donde nunca adorarás sin mirar el rostro de Jesús.

"El conocimiento de la gloria de Dios" nace del *"rostro de Jesucristo"*. Por lo tanto, debemos ser de aquellos que miran Su rostro. No es meramente un privilegio concedido a un grupo selecto de gente. Es dado a cada uno de nosotros el tener ojos con una unción para ver.

En los primeros días de movimiento Pentecostal, no nos fue enseñado que todos nosotros podíamos ver. Creíamos en tener visiones, y siempre existieron aquellos que tuvieron visiones. Y, en razón de que no se nos enseñó en creer para ver, muchos de nosotros hemos estado sin mirar por años. Dios nos habló un día en Jerusalén y dijo que el hombre completo (en lo natural) ve, oye y siente. Si alguno no oye, decimos es "sordo". Y si oye un poco, decimos "oye poco". Si no puede ver nada, decimos es "ciego" o, si ve sólo un poco, decimos "ve oscuramente". Sin embargo, nunca se nos enseñó que todos nosotros podíamos ver en el Espíritu.

Dios quiere llevarnos en visión hasta Su trono. Quiere mostarnos el rostro de Jesús. Cuando veo a Jesús, soy cambiada. Cada vez que me paro en la gloria, soy cambiada un poco más. Cada vez que miro Su rostro, tengo el deseo de ser más como El. El es el ejemplo. Es en la gloria que yo Le miro y deseo ser como El.

Puede haber un deseo general de ser como El, fuera

de la gloria. Pero, en la gloria, yo sé lo que es ser como El. Sé como se siente Su compasión. Sé como se siente Su santidad. Sé como es Su amor. Sé como es Su misericordia. En la gloria, yo Le conozco como de ninguna otra manera pudiera conocerle.

El Señor quiere que seamos ungidos para ver. Cada cosa que Ezequiel miró, tú y yo podemos verlo. Simplemente, nosotros no hemos enseñando lo suficiente acerca de ver en el Espíritu. Dios me mostró que si la gente es enseñada, es muy fácil para ellos ver el rostro del Señor. Lo probé en las reuniones del campamento de verano.

La hermana Gladys Faison, quien había asistido a nuestra iglesia por quince o veinte años, vino a la plataforma llorando una noche esa semana.

"Hermana Faison, por qué está Ud. llorando?", le pregunté.

"He sido tan bendecida", dijo, "Todos estos años he estado luchando, deseando tener una visión del Señor. He luchado, deseando mirar lo celestial. He luchado, esforzándome por entrar en algo eterna. Esta semana, mientras hemos estado cantando en el Espíritu, he visto al Señor cada día. He visto el cielo. Y todo ha venido tan fácilmente. Nunca supe que era tan simple". Docenas de otros tuvieron experiencias similares.

A veces, voy a iglesias que tienen algunos cientos de personas, y ninguno de ellos ha visto jamás el rostro del Señor. Y mientras la congregación de pie adora por diez o quince minutos, por lo menos cincuenta de ellos miran al Señor por primera vez.

¿Por qué ocurre en ese momento y surge tan fácilmente? Porque han sido enseñado que pueden ver y han mirado esperando ver. Cuando miras esperando ver, empiezas a ver.

> *Porque el Señor es el Espíritu; y donde está el Espíritu del Señor, allí hay libertad.*
> *Por tanto, nosotros todos, mirando a cara descubierta como en un espejo la gloria del Señor, somos transformados de gloria en gloria en la misma imagen, como por el Espíritu del Señor.*
> 2 Corintios 3:17-18

No importa cuánta experiencia tengas en Dios, nunca tendrás nada más estremecedor que mirar Su rostro. En la gloria, tú gradualmente aprendes como venir y ver Su rostro más seguido. Su rostro no es, entonces, tan difuso. Y, tampoco, lo ves oscuramente a través de un cristal. Le miras cara a cara.

Recuerdo una vez en que anhelaba verle así. Algunos de mis amigos le habían visto cara a cara y yo no. No sabía cómo hacerlo. Ojalá alguien hubiera dictado un seminario sobre el asunto. Tenía tanta hambre, tanta, tanta hambre de ver Su rostro. Me siento tan agradecida de que El me enseñó como.

Recuerdo los días en que Irene lloraba porque todos los demás tenían visiones y ella no. Ahora, el espíritu de revelación actúa tan bellamente en ella que es un gozo estar en una reunión con ella.

Si tú alabas hasta que el espíritu de adoración llegue, y si adoras hasta que la gloria descienda, verás al Señor. El se mostrará a Sí mismo a ti en tantas maravillosas maneras. Le verás más y más claramente, y le conocerás más y más íntimamente, hasta que tu corazón bulla con tanto amor por El que puedas escribir tu propio Cantar de los Cantares.

Por muchos años no pude entender por qué el Señor decía tantas veces en las Escrituras: *"Buscad mi rostro"*. Desde que me convertí en una adoradora, he aprendido que la voluntad de Dios y los propósitos de Dios pueden ser vistos en el rostro del Señor. Cuando estás mirando Su rostro, conoces Sus propósitos. Conoces Su mente. Conoces Sus deseos. Miras Su corazón.

He mirado en Su rostro, y he visto los prados para la cosecha del mundo. He mirado en Su rostro, y he visto el mapa del mundo.

La experiencia de Juan es un buen ejemplo para nosotros. Todo lo que él miró podemos verlo nosotros. Casi cada capítulo del Apocalipsis contiene la palabra: *"Vi"* o *"Miré"*.

> *Y me volví para ver la voz que hablaba conmigo; y vuelto, vi siete candeleros de oro.*
> Apocalipsis 1:12

Juan se dio vuelta para ver. Gracias a Dios por el volvernos que nos permite ver en el ámbito de la gloria. Algunas personas están cansadas de los cambios. Otros tienen miedo de los cambios. Dicen: "No me pidas volverme más allá para ver a Dios", cuando quizás el más leve giro les traería al lugar donde es posible mirar. No te canses del esfuerzo personal cuando se trata de buscar a Dios. Juan se dio vuelta y miró.

¿Qué vio? Vio siete candeleros de oro. Al final del capítulo vemos que los siete candeleros de oro son las siete iglesias. Si tienes problemas con ver al Señor, sabe esto: El siempre será encontrado entre Su pueblo, en medio de la congregación. A veces, cuando la gente está pasando por las angustias de la vida, cuando tienen cargas y son severamente probados, se van de la iglesia. Huyen de la religión. Huyen de aquellos que aman.

"Estoy harto", dicen. "He tenido suficiente".

Siempre encontrarás al Señor en medio de las iglesias, sin importar cuán imperfectas sean. Ese es el lugar donde El desea ser encontrado. Ese es el lugar donde El será visto. El ama a la Iglesia y se dio a Sí mismo por ella.

No importa el lugar donde nos congreguemos, si en una catedral gótica o en una casa en los suburbios. El ama a la Iglesia y siempre será encontrado en medio de ella. Si quieres ver al Señor, mira en la Iglesia. Juan se dio vuelta, y vio siete candeleros de oro.

Y en medio de los siete candeleros, a uno semejante al Hijo del Hombre, vestido de una ropa que llegaba hasta los pies, y ceñido por el pecho con un cinto de oro.

*Su cabeza y sus cabellos eran blancos como blanca
lana, como nieve; sus ojos como llama de fuego;*
Apocalipsis 1:13-14

Yo he mirado en esos ojos flameantes, y he sentido
Su amor como fuego ardiente. Ese fuego de amor no
puede ser apagado hasta que todos Sus propósitos para
el mundo sean cumplidos. Esa pasión por las almas de
los hombres y por la humanidad perdida nunca puede
ser disminuida. He mirado en Sus ojos, y he visto las
naciones del mundo. He mirado en Sus ojos, y he visto
el clamor de Su corazón (dependiendo del período de
tiempo y de lo que ha estado pasando en la tierra).

Si quieres ver el corazón de Dios, mira en Sus ojos.
Verás Su corazón. Conocimiento y sabiduría provienen
de los ojos del Señor.

Pudieras ver Su boca u otras partes. Entonces, mientras esperas en Su presencia, El podría enseñarte otras
cosas, si tú tienes tiempo. (Nosotros no siempre tenemos tiempo para lo que El quiere enseñarnos). El podría
enseñarte partes del cielo. Podría enseñarte su hermoso jardín de rosas, su jardín de amor, más grande que
los jardines de Shalimar en Kashmir, India, o que cualquier otro jardín famoso en el mundo. No hay espinas
en las rosas, y las flores nunca se marchitan. El podría
enseñarte los árboles que están floreciendo en los cielos.

Podría llevarte a la cámara de música del cielo. Cuando vi ese cuarto era muy parecido a las grandes

bibliotecas con montones de libros en alto y una escalera para alcanzarlos. Vi ángeles sacando manuscritos
y poniéndolos en las bocas de los creyentes que querían cantar un nuevo cántico al Señor. Podrías ver un
ángel bajando algunas nuevas canciones y aprestándo-
se a impartírtelas.

El podría enseñarte todas las bellezas que ha preparado para aquellos que Le aman.

Podría llevarte a la cámara de mando del cielo y mostrarte cómo El ordena la actividad de Sus ángeles en
ese momento. Podrías ver los ejércitos celestiales siendo enviados. Podrías verle mandando y comisionando
a algunos ángeles en particular para ayudar en ciertas
áreas en particular en el mundo.

Dios me ha mostrado tantas cosas maravillosas del
cielo. Una de las cosas que más me impresiona sobre el
ámbito del cielo es que no hay barreras, no hay límites.
En lo natural, no puedes ir muy lejos sin que encuentres alguna barrera de algún tipo. Pero, cuando estás
en el Espíritu y estás en lo celestial, no hay barreras, no
hay limitaciones. Hay millones de millas abiertas a cada
lado tuyo.

Muchos han compartido con nosotros sus experiencias del cielo. Mi tío, el Doctor William A. Ward, tuvo
experiencias tan maravillosas en el cielo que compar-
tió con nosotros. Fue levantado una y otra vez a lo
celestial. Dios desea que todos nosotros seamos ungidos para ver.

Cosas que ojo no vio, ni oído oyó,
Ni han subido en corazón de hombre,
Son las que Dios ha preparado para los que le aman.
1 Corintios 2:9

Pero, ese no es el fin de la idea:

Pero Dios nos las reveló a nosotros por el Espíri-
tu... Verso 10

Dios desea que vivamos en el ámbito de revelación.
Y nosotros podemos vivir en ese ámbito de revelación
a medida que vivimos en la gloria del Señor.

Y se manifestará la gloria de Jehová, y toda carne
juntamente la verá; porque la boca de Jehová ha
hablado. Isaías 40:5

El tiempo está llegando en que toda carne juntamente verá la revelación de la gloria de Dios. En estos días
Dios está viniendo a nosotros individualmente para
mostrar Su gloria, Su poder, a Sí mismo.

Hemos experimentado períodos de varias semanas
en Jerusalén en que la gente miraba al Señor, no solamente en visiones, sino personalmente. El venía a ellos
en forma física. Ellos lo miraban caminar por las calles
de Jerusalén. El les estaba hablando. Hemos tenido
muchas gloriosas visitas angelicales en las que la gente
se sentó al lado de los ángeles y habló con ellos. Ellos

estuvieron con ángeles y fueron ministrados por ellos. Ellos podrían hablar por horas acerca de esas experiencias. Sucede en la gloria.

Tú podrías decir: "Hermana Ruth, no soy tan espiritual como para todo eso todavía. Soy un nuevo creyente". A menudo, vemos que los nuevos creyentes entran en estas cosas más fácilmente porque no tienen nada que *des-aprender*. Muchos tienen la impresión de que estas cosas son para unos pocos selectos. Yo misma, estuve dispuesta a vivir y viajar, por años, oyendo la voz de Dios, pero sin tener ninguna visión. Pero, desde el momento en que Dios me despertó para comprender el hecho de que yo necesitaba ver también, mi vida ha llegado a ser completa, de una manera que antes no experimenté.

En lo natural, no sé de nada peor que la ceguera, de no poder ver las bellezas de la naturaleza. Para un cristiano, no ver al Señor, y simplemente caminar a ciegas, es igual de malo. Ver es una de las maneras en que Dios nos habla.

No hay necesidad de que caminemos a ciegas. La gloria de Dios es revelada. Si podemos tener fe para que la gente sea sanada, si podemos tener fe por las finanzas, si podemos tener fe para ir a las naciones, ¿no podremos tener fe en el área de la adoración y creer que veremos la gloria de Dios? No dijo el Señor: *"Si crees, verás la gloria de Dios"* (Juan 11:40). Dios quiere que seamos ungidos de esta manera, que tengamos ese deseo en nuestro corazón, para ver la gloria de Dios realizada.

En nuestros campamentos, a través de los años, hemos tenidos gloriosas visitas angelicales. Hemos tenido experiencias en la noche en las que la gloria de Dios ha venido y ha ministrado a la gente. El Rey de la Gloria está presente, como Dios prometió. Pero, en estos últimos días, veremos un incremento tanto de Su presencia como de aquella de Sus ejércitos celestiales.

Cuando levantan sus cabezas en alabanza y son levantados por el Espíritu a la adoración, el Rey de Gloria vendrá. El peleará tus batallas por ti. Traerá una facilidad a tu ministerio y a tu vida personal. Sus ángeles serán vistos cada vez más, la armada de Dios estará presente en nuestros cultos, hasta la venida del Señor. La gloria del Señor será revelada, y toda carne la verá juntamente.

Si quieres ser un intercesor eficiente, debes conocer el ámbito de la gloria. De otra manera, vivirás en el ámbito del entendimiento humano, y pasarás mucho de tu tiempo orando acerca de cosas erradas. Cuando te trasladas al ámbito del Espíritu, El te muestra dónde hacer blanco.

Por un período de tiempo, un diplomático de la Embajada australiana en Tel Aviv venía a Jerusalén cada semana para asistir a nuestros cultos. Ese era el tiempo en que China se abría, y había mucha actividad en Medio Oriente. El tenía acceso a las valijas oficiales diplomáticas de información confidencial, a la información de inteligencia del Mossad (el servicio de inteligencia israelí), de la CIA, de la Inteligencia Británica, de Australia, y de otros países occidentales. Era su trabajo enviar telex a la oficina el en extranjero en Camberra en lo concerniente a nueva información o nuevos acontecimientos. Nos dijo que la información que surgía en el Espíritu en nuestras reuniones de oración acerca de China estaba seis meses adelantada a la de las valijas oficiales diplomáticas.

Un día, mientras estábamos en oración, Dios nos mostró que Siria entraría en la guerra en el Líbano. Hasta esa entonces, no estaba activamente involucrada, y se había mantenido en su territorio.

Este hombre estaba muy emocionado acerca de lo que Dios nos estaba mostrando y quería actuar sobre ello. Sin embargo, no podía enviar un telex diciendo: "Yo estaba en una reunión de oración en el Monte de Sion, y Dios nos mostró una visión, y sabemos que Siria entrará en la guerra". El necesitaba algo más concreto. Buscó en las noticias locales cuidadosamente por algo que así lo indicara.

Después de uno o dos días, el Primer Ministro, Menahem Begin, hizo el comentario de que Siria entraría en la guerra pronto. Armado con esa nueva información, el diplomático fue a su embajador diciendo: "Creo que debemos enviar esta información a Camberra".

"Eso fue sólo una afirmación hecha de improviso", le respondió el embajador. "No podemos construir algo en base a una afirmación de paso". (Claro que sé que Menahem Begin nunca hace una afirmación de improviso).

Cuando nuestro amigo trató de poner por escrito el asunto, el embajador replicó: "Mira, tengo una cena esta noche con muchos de los embajadores. Déjame hacer algunas tentativas primero. Siempre es posible enviar el mensaje mañana".

Cuando llegó a la oficina a la mañana siguiente, dijo: "¡Envíalo!"

Dentro de pocos días Siria entró en la guerra.

Por otras tantas ocasiones hubieron situaciones similares en las que el Espíritu Santo fue muy fiel. Dios desea nuestra alabanza y adoración para llevarnos a la gloria y al ámbito de revelación, de manera que seamos efectivos en la oración.

Justo antes de que los tiempos difíciles financieros llegaran a Dallas en los ochentas, fui presentada a una pareja acomodada de creyentes. Mientras estaba sentada en frente de ellos en el aeropuerto Fort Worth de Dallas, compartiendo un refresco antes que llegara el tiempo de partir, empecé a ver una bola de hilo rojo enredada con nudos. No podía distinguir el principio ni el fin de la hebra. Supe instantáneamente que la bola enredada representaba sus finanzas. Empecé a describir la visión.

"Veo una bola de hilo enredado, y Dios me está mostrando que es su situación financiera. Sus finanzas están tan enredadas que no pueden encontrar el principio ni el fin".

"Veo la mano de Dios que llega, toma la punta, y la tira de ella desenredando todo".

Eso fue todo lo que dije, pero las lágrimas llenaron sus ojos. En tan solo un par de minutos, Dios había ministrado a la necesidad de sus vidas. Se produjo tan fácilmente.

Mientras estaba en Houston en 1988, una amiga dio un almuerzo para presentarme a sus amigos. Cuando me dieron mi plato y me fui a sentar, la gente de al lado mío estaba hablando acerca de la carne de Texas. Si bien que tan pronto me había sentado recibí una visión de la dama a mi lado. Vi tres o cuatro flechas que se clavaban en su corazón en los dos lados. Empecé a describirle lo que veía.

Vi la mano del Señor tomando una tras otras las flechas. En tan solo unos momentos, cada una de esas flechas se había sacada frente a mis ojos.

Tan pronto como yo le describí la visión, Dios hizo el trabajo. Las lágrimas corrían por sus mejillas. Se dio tan fácilmente.

Yo estaba saliendo de China una vez, y tenía la intención de volar directamente a Jerusalén. El Señor me habló y dijo: "Quiero que vayas a Japón. No tienes tiempo de ministrar ahí, pero te enviaré a uno que hablará en muchas convenciones. Quiero que le digas sobre qué hablar".

"¿A quién me estás enviando?", le pregunté al Señor.

El me recordó que hace dos años Susan y yo habíamos pasado un tiempo en el Monte de Oración en Korea con la hermana Choi. Ella no hablaba inglés, y nosotras no hablábamos en koreano, pero ella sí hablaba japonés como muchos otros koreanos (en razón de la ocupación japonesa). Un hermano japonés estaba ahí de visita, ella le hablaba a él, y él interpretaba sus palabras para nosotras en inglés.

La única cosa que yo podía recordar de aquel hermano japonés era a él diciéndonos que había acabado de construir una iglesia entre el aeropuerto de Narita y Tokyo. (Eso es como decir que acababa de construir una iglesia entre Los Angeles y San Diego). Ahora que el Señor me estaba diciendo que fuera a ver a este hombre, no tenía manera de saber nada más acerca de él.

Volé a Tokyo, fui directamente a uno de los hoteles del aeropuerto, fui al teléfono, y empecé a llamar a las iglesias del área. Primero, llamé a los Bautistas. Les dije quien era, que era de Jerusalén, que había conocido a un hombre en Korea que había construido una iglesia en los últimos años que probablemente era pentecostal o carismática, y que estaba localizada en algún lugar entre Narita y Tokyo. No pudieron ayudarme, pero me dieron el número de la iglesia de las Asambleas de Dios.

Llamé a la iglesia de las Asambleas de Dios. Ellos no conocían al hermano que yo estaba buscando, y tampoco sabían nada de esta iglesia, pero conocían a un hombre que trabajaba en el círculo carismático. Me dieron su número.

Llamé al hermano, y empecé con la misma introducción por tercera vez.

"Hermana Ruth", respondió, "No la conozco personalmente pero algunos de los hermanos nuestros fueron a Jerusalén y asistieron a su Escuela Bíblica. Conozco al hermano del que Ud. está hablando. Déjeme darle su número telefónico".

Cuando terminó nuestra conversación, marqué el número que él me dio. "Hermano", dije, "Ud. probablemente no me recuerda. Soy una de las dos hermanas de Jerusalén que le conocieron donde la hermana Choi en el Monte de Oración hace algunos años".

"Oh sí, las recuerdo a Uds., las hermanas de Jerusalén", respondió. "¿Dónde está ahora?"

"Bueno, estoy en el aeropuerto", le dije. "Tengo un mensaje del Señor para Ud. Vine al Japón solamente para verle."

"Oh hermana, lo siento", dijo, "Estoy saliendo para una conferencia".

"Lo sé", le dije.

"¿Lo sabe?", preguntó. "Bueno, estoy empacando, y me iré ahora un poco más tarde. ¿Podría Ud. venir enseguida?" Y me dio indicaciones para tomar el tren.

Cuando todavía estaba en el avión de Hong Kong, le había preguntado al Señor: "¿Cuál es el mensaje que este hombre debe predicar en la conferencia?" El me recordó que el día anterior a mi partida de Jerusalén yo estaba orando y El me había dicho: *"Kabuki".*

Kabuki, según yo sabía, era una forma de arte japonés, una comedia tradicional. Pero, cuando Dios me dijo *"Kabuki",* no pensé que estuviera hablando de comedias. ¿Qué querría El decir?

Teníamos un hermano japonés entre nuestros hermanos en Jerusalén en ese tiempo y pensé: "Cuando tenga tiempo, no debo olvidar preguntarle al hermano qué significa *kabuki*". Pero, olvidé hacerlo.

Ahora en el vuelo de Hong Kong a Tokyo, cuando le pregunté al Señor cuál era el mensaje, El me dijo otra vez: "*Kabuki*".

Llamé a la azafata y le pregunté: "¿Qué significa la palabra '*Kabuki*'?"

"Es una comedia japonesa clásica", dijo.

"Sí", dije. "Sé que es una comedia japonesa clásica. Pero ¿qué significa la palabra '*kabuki*'?"

Lo pensó por un momento, y luego replicó: "'*Ka*' significa 'canción', '*bu*' significa 'danza' y '*ki*' significa 'arte'".

Comprendí inmediatamente que Dios estaba hablando de arte de alabarle con canción y danza.

Cuando llegué a la estación del tren, el hermano me encontró y me llevó a la iglesia donde él y su esposa vivían en unos cuartos adicionales. Hablamos un poco de mi viaje a China y sobre Israel mientras tomábamos té japonés.

Cuando terminamos de tomar el té, él estaba listo para hablar de la razón que había causado nuestra reunión. Me preguntó: "Hermana, por qué ha venido?"

"He venido", le dije, "para darle el mensaje que Ud. debe hablar en las conferencias".

"Esta es la primera conferencia a la que he sido invitado a hablar", me dijo. "Pero, ya he sido invitado a otras. ¿Cuál es el mensaje?"

"La respuesta para el avivamiento en el Japón", le dije, "se puede encontrar en una sola palabra japonesa, 'kabuki'".

Me miró extrañamente, pensando posiblemente en la comedia japonesa.

Repetí la palabra sílaba por sílaba: "Ka-bu-ki, el arte de alabar al Señor con canción y danza". Lágrimas llenaron sus ojos.

"Yo he estado orando por el mensaje de la conferencia", me dijo. "Cada vez que oré Dios me dijo que hablara sobre cantar y danzar. Le dije al Señor que sabía que cantar jugaría un papel importante en el avivamiento en Japón, pero no la danza, que es mundana. Cada vez que oré Dios me dio la misma respuesta, y cada vez la rechacé".

Dios me había llevado todo el camino de Jerusalén a China para decirle que el avivamiento en el Japón vendría a través del cántico y la danza.

Le ministré proféticamente. Me llevó a la estación del tren. Volví al hotel del aeropuerto, tomé mis maletas, y abordé el siguiente vuelo a Jerusalén.

El espíritu de revelación actúa en medio de la gloria revelada. Esa gloria nos revela lo que ojo no ha visto ni el oído oyó.

Mas hablamos sabiduría de Dios en misterio, la sabiduría oculta, la cual Dios predestinó [ordenó] antes de los siglos para nuestra gloria.

1 Corintios 2:7

Hay una cierta sabiduría que Dios ha ordenado para nuestra gloria. Pablo decía que nosotros hablamos esa sabiduría. A menudo, estamos deseando hablarla. Queremos hablarla. Pero, Pablo dice que nosotros estamos haciéndolo ya. El dijo que nosotros estamos hablando la sabiduría de Dios en misterio. Estamos hablando aún la sabiduría oculta que Dios había ordenado desde la fundación del mundo para nuestra gloria.

> *Porque el que habla en lenguas no habla a los hombres, sino a Dios; pues nadie le entiende, aunque por el Espíritu habla misterios.* 1 Corintios 14:2

Así que, ¿qué estamos haciendo cada vez que hablamos en lenguas? Estamos hablando misterios. Estamos hablando la sabiduría de Dios. Aquellas palabras que pensabas eran tan insignificantes son, en realidad, un profundo misterio en Dios. Aún que no sea millonario, tú puedes hablar los misterios de Dios. ¡Sí! ¡Tú puedes! Hablamos la sabiduría de Dios en misterio. Esto ha sido ordenado para nuestra gloria.

Cuando hablamos en otras lenguas, estamos hablando misterios. *"Pues nadie le entiende"*. Muchas veces la gente ha utilizado esta segunda parte del verso como una crítica sobre el hablar en lenguas. El Apóstol Pablo no la está usando negativamente. Está diciendo que esto es algo mejor. El está diciendo en esencia: "Gracias a Dios que nadie entiende. Gracias a Dios que tu entendimiento queda sin fruto. Gracias a Dios que no estás simplemente viviendo en el ámbito de tu lógica. Estás poniéndote por encima hacia el hombre del Espíritu. El Espíritu está hablando. El Espíritu está orando. El Espíritu está entendiendo".

El ojo no lo ha visto. El oído no lo ha oído. El corazón del hombre no ha percibido todavía lo que Dios ha planeado. Pero, El lo revela por Su Espíritu.

Estamos trasladándonos, entonces, a la revelación de Dios. Dios lo revela para nosotros por Su Espíritu. ¿Qué es revelado para nosotros? Lo que ojo no vio. ¿Qué es revelado para nosotros? Lo que oído no oyó. ¿Qué es revelado para nosotros? Lo que el corazón del hombre no ha percibido todavía. Dios hace que nosotros sepamos por revelación los mismos misterios que nosotros ya habíamos hablado en un lenguaje que no sabíamos. Y, en medio de esas palabras, había sabiduría oculta. De pronto nos damos cuenta que empezamos a hablar esa sabiduría porque la revelación empieza a brotar en nuestras vidas.

Si quieres vivir en el ámbito de la revelación sobrenatural, ora en lenguas mucho. Canta en lenguas mucho. Estás alimentando el pozo. Estás cantando para el pozo que hará brotar la liberación de información. Fluirás en conocimiento por revelación. Podría no suceder al momento. Cuando te encuentres en una situación donde lo necesites, estará ahí.

Cuando fui a Hong Kong para servir al Señor, siendo una jovencita, trabajaba con un grupo de hombres adinerados en la Hermandad de los Hombres de Negocios del Evangelio Completo ahí. Como cincuenta de ellos eran millonarios. A menudo uno u otro de ellos me llamaban con preguntas de negocios. ¿Qué sabía yo? Tenía dieciocho años y no más de cincuenta dólares al mes para arreglármelas. No tenía experiencia en los negocios. Pero Dios había prometido que si yo buscaba Su rostro, El sería mi sabiduría.

Una y otra vez me sentaba para escuchar las respuestas que Dios me daba, y me quedaba asombrada, como si alguien más estuviera respondiendo por mí. Era mi voz la que yo oía. Era mi boca la que estaba siendo usada. Pero las palabras eran palabras de revelación. Había orado mucho en lenguas. Así que, cuando necesitaba conocimiento por revelación, ese conocimiento por revelación estaba ahí.

Dios te lo dará a ti también. Su conocimiento por revelación puede ser aplicado, no solamente al ámbito de lo espiritual, sino también al ámbito de las cosas naturales.

Alcanzamos este ámbito de revelación a través de la oración en el Espíritu. Ninguno de nosotros lo ha hecho lo suficiente. Yo no oro lo suficiente en el Espíritu. Periódicamente me gusta enseñar sobre la oración en el Espíritu porque me conmuevo a mí misma, y me encuentro a mí misma despertando en medio de la noche orando en lenguas.

Si tú quieres vivir en el ámbito del conocimiento por revelación, entonces necesitas hablar la sabiduría de Dios en misterio. Dios nos ha revelado el misterio a nosotros por su Espíritu. Aquellos que lo hablaron primeramente en misterio vienen a entenderlo luego. ¿Por qué? *"Porque el Espíritu todo lo escudriña, aun lo profundo de Dios".*

Hay cosas que a todos nosotros nos encantaría saber sobre Dios. Pero no tenemos idea de en qué libro deberíamos buscarlas o en qué parte de la Biblia están. Nuestras concordancias y otras ayudas de estudio no pueden ayudarnos a enfocar las cosas que a veces tenemos en nuestro espíritu que queremos que Dios responda. Pero, gracias al Señor, que tenemos al Espíritu Santo, quien es el Escudriñador.

Los profesores universitarios, cuando están haciendo un tratado, tienen algunos investigadores que realizan todo el trabajo de contexto y organizan el material. El autor solamente lo pone junto de manera significativa. Nosotros tenemos al Espíritu Santo. El escudriña las verdades profundas y escondidas. El es mejor que la más poderosa computadora que haya.

Dios da conocimiento sobrenatural, aquel que es por revelación, a aquellos que Le buscan, orando en el Espíritu, a aquellos que permiten a la revelación venir. Nosotros hablamos la sabiduría de Dios en misterio. *"El Espíritu todo lo escudriña, aun lo profundo de Dios".*

Porque ¿quién de los hombres sabe las cosas del hombre, sino el espíritu del hombre que está en él? Así tampoco nadie conoció las cosas de Dios, sino el Espíritu de Dios.

Y nosotros no hemos recibido el espíritu del mun-
do, sino el Espíritu que proviene de Dios, para que
sepamos lo que Dios nos ha dado.

1 Corintios 2:11-12

Quiero animarte a orar en el Espíritu y a cantar en el Espíritu más de lo que nunca antes lo has hecho. A principios de 1989, prediqué en una iglesia Metodista de Carolina del Norte, le animé una y otra vez a un pastor de visita a que orara en lenguas. El dijo: "En esta semana, he hablado en lenguas más que en los diez años que llevo de haber recibido esta experiencia".

Dios no solamente nos lo ofrece como un regalo. El nos lo da para que seamos eficientes en el reino de Dios. Necesitamos ser de aquellos que oran en el Espíritu, que cantan en el Espíritu. Podemos alabar en lenguas. Podemos adorar en lenguas. Si lo hacemos, viene la revelación.

Sé que cantar en el Espíritu será gran parte del avivamiento por venir. Habrá cultos enteros en los que congregaciones se paren en la gloria y adoren en el Espíritu.

Desde el día en que Dios me habló de esto, he cantado en el Espíritu cada día. Tengo muchos amigos que cantan en el Espíritu bellamente. Su canto casi suena como celestial. Al principio, dudaba de cantar en el Espíritu, porque mi canto no era tan bello como el de ellos. Me propuse de todas maneras cantar en el Espíritu cada día hasta que mi habilidad de someterme al

Espíritu Santo en esa manera se hiciera mayor. Cuando Dios nos revela una verdad espiritual, tenemos que fluir en ella, aún de manera elemental hasta que la madurez llegue a nosotros en esa dádiva. (La dádiva no madura, pero nuestra habilidad de someternos al Espíritu y fluir en ello sí).

Yo no tenía visiones. Otros tenían visiones y revelaciones, y yo siempre me estremecía de oír lo que Dios les estaba mostrando. Yo oía la voz de Dios claramente, pero personalmente, no recibía visiones. La razón, en parte, es que no fuimos enseñados para creer por ello. Nosotros debemos ejercitar la fe en la adoración. La ejercitamos para la salvación, para la sanidad, para el bautismo en el Espíritu Santo y para milagros financieros. Pero rara vez se nos enseña a ejercitar nuestra fe en la adoración. Vamos a usar nuestra fe para trasladarnos al ámbito de la gloria, de manera que podamos ver y saber.

Mi otro problema era que yo nunca había pedido ver. Cuando comencé a pedir, empecé a ver. Una de las razones por las que no había pedido antes fue el haber entendido mal lo que Jesús le dijo a Tomás:

Jesús le dijo: Porque me has visto, Tomás, creíste; bienaventurados los que no vieron, y creyeron.
                                                              Juan 20:29

Yo aceptaba el hecho de que estaba bien si no veía. Muchos años más tarde, cuando Dios empezó a

incentivarme a ver, El me hizo saber que este verso no
tenía nada que ver con mi vista en el ámbito del Espíritu.

Lo que Dios está haciendo hoy en día no es nuevo,
pero El lo está haciendo por más gente. Solíamos estar
contentos de tener una o dos personas bendecidas en
un culto en particular. Nosotros íbamos a casa regocijándonos de que la hermana Jones haya sido bendecida.
Ahora Dios está haciendo algo diferente. El quiere que
nosotros todos tengamos las mismas experiencias. En
lo natural, todos nosotros podemos sentarnos frente al
televisor, sintonizar el mismo canal, y mirar el mismo
programa. En el ámbito de la gloria, todos nosotros
podemos tener una visión corporativa. Podemos tener
una revelación corporativa. Todos nosotros podemos
ver y saber y percibir por el Espíritu de Dios. Permite
que la gloria te levante al ámbito de revelación.

El caso de Tomás era diferente. El estaba tratando de
hacer que Dios le probara algo. Pide visiones, y recibi-
rás visiones.

Susan, quien era episcopal, empezó a tener visiones
a partir del momento en que fue llena del Espíritu. Dios
le enseñó de la Biblia por visión. Un día me dijo: "Ruth,
tú sí ves visión".

"Oh no, yo no lo veo", respondí. "No veo visión".
(Algunas personas se sienten orgullosas de que no las
ven: "Otras personas necesitan eso. Yo no necesito ayudas ni señales para ayudarme a oír de Dios").

"¡Oh, no! Yo no tengo ninguna visión", le aseguré.

"¡Sí! Tú ves visiones", insistió.

"No, no es así", continué obstinadamente.

"¿Por qué es entonces", me preguntó, "que cuando profetizas, yo te oigo decir: 'Veo esto y aquello'?"

Tuve que pensarlo por un momento. Sé que no miento, y ciertamente no mentiría mientras profetizaba si en verdad mentí. "Bueno", respondí, "Yo veo, pero no veo".

Empleamos tanto tiempo explicando algo que Dios ya nos ha dado: "Veo, pero no veo".

Desde aquel día, empecé a tomar muy en cuenta lo que pasaba mientras profetizaba, y me di cuenta de que ella tenía razón. Y, aunque la visión no es lo más importante, Dios me estaba dando ayuda a medida que profetizaba sobre esta gente. La visión me estaba revelando lo que habría de decir. La visión es una de las formas importantes en que Dios nos habla.

Sobre mi guarda estaré, y sobre la fortaleza afirmaré el pie, y velaré para ver lo que se me dirá...
Y Jehová me respondió, y dijo: Escribe la visión, y declárala en tablas, para que corra el que leyere en ella.   Habacuc 2:1-2

¡La gloria trae revelación!

La gloria trae conocimiento

Hosanna

Words and Music by Ruth Heflin

El respondiendo, les dijo: Porque a vosotros os es dado saber los misterios del reino de los cielos; mas a ellos no les es dado.

Porque a cualquiera que tiene se le dará, y tendrá más; pero al que no tiene, aun lo que tiene le será quitado.

Por eso les hablo por parábolas: porque viendo no ven, y oyendo no oyen, ni entienden.

De manera que se cumple en ellos la profecía de Isaías, que dijo:

De oído oiréis, y no entenderéis;

Y viendo veréis, y no percibiréis.

Porque el corazón de este pueblo se ha engrosado,

Y con los oídos oyen pesadamente,

Y han cerrado sus ojos;

Para que no vean con los ojos,

Y oigan con los oídos,

Y con el corazón entiendan,

Y se conviertan,

Y yo los sane.

Jesús

"*A vosotros os es dado saber*". Hay un regalo del Señor, el regalo del conocimiento, conocer por el Espíritu, conocer por la vista del ojo espiritual, conocer por la audición del oído espiritual. Este es un don de Dios que opera en la gloria.

Dios desea que nosotros seamos aquellos que conocen el misterio del reino. El quiere que ese conocimiento por revelación esté en nuestros espíritus. No todo ha sido revelado todavía. Ese conocimiento por revelación está actuando todavía, y Dios desea poner conocimiento y entendimiento en tu espíritu. El está dirigiendo nuestra mirada hacia arriba a lo celestial. El quiere que no estemos tan sumergidos en aquellas cosas de nuestro alrededor, pero que estemos sumergidos en aquellas cosas que están por encima y en el mundo eterno.

No he podido encontrar suficiente gente con avidez de aprender las cosas del Espíritu. Nosotros fuimos bendecidos porque mi abuela fue una gran erudita de la Biblia, no sólo desde el punto de vista intelectual, pero espiritualmente, en razón de su hambre de la Palabra. Ella buscaba las cosas. Escribía a hombres considerados como grandes eruditos de la Palabra y les formulaba algunas de sus más difíciles preguntas. Estas no eran las preguntas usuales de la Biblia, pero cosas de las riquezas profundas de la Palabra de Dios. Ella buscaba esas verdades como un minero lo haría por un diamante raro o por una veta de oro. La Escritura dice que la Palabra de Dios es más deseable que el oro (Salmo 19:10).

Mi abuela le escribió al Dr. Evans y a otros muchos grandes hombres, preguntándoles lo que ellos pensaban sobre un buen número de asuntos. Ellos contestaban y decían: "Hermana Ward, no hemos pensado en la respuesta todavía. En realidad, ni siquiera habíamos pensado en la pregunta hasta que Ud. la formuló".

Es bueno para nosotros tener preguntas (no desde el punto de vista de ser crítico, o de dudar. Algunas personas están siempre cuestionando en su mente y nunca llegan a entender la respuesta). Tener preguntas muestra que nosotros estamos buscando a Dios. Nosotros queremos saber más. Nos preguntamos acerca de las cosas. Nos preguntamos quién tendrá la revelación.

En varias ocasiones Dios me ha enviado a grandes hombres de Dios para instruirlos un poco más en algo acerca de lo cual ellos Le estaban buscando. El me envió a mostrarles la verdad desde un ángulo que ellos no habían mirado antes. En otros ámbitos, ellos estaban muy por delante de mí. Pero, en el área en que Dios me había guiado, yo podía darles algo de ayuda. No siempre tenemos el lujo de sentarnos con alguien que nos entiende y nos habla inteligentemente acerca de las cosas que nos causan problema.

Cuando tenía quince años, tuve una experiencia maravillosa. Mamá estaba predicando en Callao, Virginia, varias veces por semana, y, ya que ella no conducía en aquellos días, yo la llevaba allí. Todo el viaje de ida y todo el viaje de vuelta podía hacerle preguntas y escuchar fijamente sus respuestas. Ella siempre estuvo bien dispuesta a responder cada pregunta, aunque estoy segura de que a veces le cansaba.

En algún momento del año próximo, manejaba una noche y regresábamos las dos a casa de una convención en Atlanta, Georgia. En medio de la noche estaba consciente de haber virado equivocadamente en alguna parte del camino. Mamá estaba cabeceando de sueño en el asiento del frente. Le dije: "¿Mamá, podrías ver si la ruta en la que se supone debemos estar es la 544?

"Oh, querida", contestó muy cansada, "estoy tan cansada. Espera a mañana y discutiremos lo que significa Mateo 5:44".

"Mamá", le dije, "no te estaba preguntando sobre la Biblia. Te estaba preguntando sobre el camino".

El incidente se convirtió en un chiste familiar.

He sido bendecida en tener gente espiritual a la cual volverme. Pero más tarde, durante muchos años de mi vida, viajé entre gente que no hablaba mi lengua. En convenciones de diez mil personas, en la India, a veces, sólo una persona hablaba inglés. Y porque era mi intérprete, cuando no estaba traduciendo para mí o predicando él mismo, estaba realizando trabajo administrativo. La mayor parte del tiempo viajé sola por la India y por otros países en buses, barcos, en trenes y aviones. Durante aquellos períodos, empecé a desarrollar con el Señor esa misma relación que había desarrollado con mi madre. "Señor, ¿y qué acerca de esto? ¿Qué de eso?" El quiere que insitentemente queramos más de las riquezas de Su Reino, así como los niños en la época de los por qué. El no quiere que nos quedemos como bebés.

Cuando Susan recibió aquellas tempranas visiones sobre la Biblia, fue porque noche tras noche ella se quedaba sobre sus rodillas por horas en el altar. Cuando ella me decía lo que había visto, yo sabía que ella nunca había leído sobre aquellas cosas. Yo le decía dónde encontrarlas en la Biblia, para que ella pudiera leerlas por sí misma y ver como Dios le estaba enseñando por el Espíritu.

La mayoría de nosotros, cuando caemos bajo el poder de Dios (o "descansamos en el Espíritu", como dicen algunos) nos levantamos demasiado rápido. Dios quiere que nos quedemos ahí. El no nos pone en el piso sólo para mostrarnos que El puede hacerlo. Esa es Su mesa de operaciones. A veces, ni siquiera estamos conscientes. Pero, estés consciente o no, deja fluir la visión. Permite a Dios mostrarte cosas.

"Pero, ¿qué si eso no está pasando?", puedo oír a alguien preguntando. Bueno, simplemente quédate ahí alabando y adorando. Dios pondrá cosas en tu espíritu sin que tú siquiera te des cuenta de ello. Entonces, cuando te paras para ministrar, te pararás con mayor autoridad, y enseñanzas saldrán de tu boca que te preguntarás de dónde las aprendiste. Sabe que Dios las puso en lo profundo de tu alma, las puso en tu entendimiento, las puso en tu espíritu mientras estabas bajo el poder.

Debemos permanecer por más tiempo en Su altar y permitirle a El hacernos saber. Nos es dado saber.

Por sueño, en visión nocturna,
Cuando el sueño cae sobre los hombres,
Cuando se adormecen sobre el lecho,
Entonces revela al oído de los hombres,
Y les enseña su consejo,   Job 33:15-16

Si los creyentes debieran tener una característica sobresaliente, debería ser la confianza de que tendrán conocimiento en su vida. Los creyentes deben avanzar en confianza. Si ellos no tienen otra característica positiva, pueden avanzar, sabiendo que el Dador de los Hechos está entre ellos y en ellos, eso es suficiente. Trae gran confianza. Aquellos que lo poseen son inamovibles, nada los puede sacudir.

Es la naturaleza del creyente saber. Si te es dado conocer, entonces debe ser la naturaleza del creyente saber no sólo saber el ABC, sino los misterios.

Cuando sale de nuestra boca, cuando lo hablamos, el misterio ya no es más un misterio. Dios empieza a traerlo a luz, de manera que tengamos un conocimiento y entendimiento de aquellas cosas que hablamos en lenguas, en el Espíritu.

Las cosas secretas pertenecen a Jehová nuestro Dios; mas las reveladas son para nosotros y para nuestros hijos para siempre, para que cumplamos todas las palabras de esta ley.   Deuteronomio 29:29

¿Interpretas en seguida lo que dices? No. Puedes orar horas en lenguas. Luego, cuando te levantas a hablar, la revelación puede venir en dos o tres oraciones. Pero será tan poderosa revelación que podría alimentar a multitudes. Debemos alimentar a la gente con maná de lo alto, y ese maná de lo alto es ese conocimiento por revelación. Dios quiere que alimentemos con él a las

naciones del mundo. El no te dio simplemente lo suficiente para tu casa. El te dio lo suficiente para la casa
de la fe, para el Cuerpo de Cristo, universal.

Cuando yo era una jovencita el Señor me dijo: "No
desees conocimiento terrenal o sabiduría terrenal. Si tú
buscas Mi rostro, yo te daré Mi conocimiento y Mi sabiduría". Más tarde El me demostró Su fidelidad al
darme conocimiento y sabiduría.

Mi buena amiga, la Sra. Bruce Crane Fisher, es due-
ña de Westover, en el río James, el mejor ejemplo de la
arquitectura Georgiana en América. La gente viene de
todo el mundo a Virginia a verlo. Un día, mientras estaba viajando al extranjero, de pronto me di cuenta que
habían cosas sobre ella que yo no sabía y que quería
saber. Habíamos sido amigas por algunos años. Habíamos orado juntas, y habíamos compartido muy buenos
momentos. Sin embargo, yo siempre había estado tan
ocupada, corriendo de arriba para abajo, que habían
cosas de ella que yo no sabía.

Decidí que la primera cosa que haría cuando volvie-
ra a Nueva York sería llamarle y buscar un momento
para visitarle.

"¿Por qué no vienes a almorzar mañana?", dijo.

Fui sin decirle lo que tenía en mente. Fue una visita
linda. Descubrí, por primera vez, que ella había crecido en Praga, Checoslovaquia. Su abuelo había sido el
embajador de los Estados Unidos en Pekín durante la
presidencia de Wilson, y su padre fue el embajador
americano en Checoslovaquia cuando ella era niña. Su

tío, el Sr. Charles Crane, era consejero del rey Iben Saud. Y, a medida que hablamos más, eventualmente hablamos más acerca de cosas personales. Llegué a saber tanto de mi amiga.

Toma tiempo conocer a alguien. También, tú debes desear saber. A veces le decimos al Señor: "Todo lo que quieras que yo sepa, sólo dímelo".

El ansía la presencia de alguien que Le ame lo suficiente para decir: "Señor, quiero ver como se ven Tus vestimentas. ¿Podrías enseñarme, Señor? ¿Pudiera yo ver Tus ojos más claramente? ¿Señor, pudieras decirme algo? ¿Me dirías lo que piensas sobre China en estos momentos?"

Yo siempre me río cuando mamá relata como le preguntó al Señor cuando es que vendrán la lluvia temprana y la tardía en el mismo mes. Ella le dijo al Señor: "Si Tú pudieras decirme, tan insignificante que soy, ...".

El nos está diciendo: "Pensé que nunca lo preguntarías. Tengo tantas cosas que quiero decirte, que he deseado compartir contigo, que yo deseo revelártelas a ti. Pero eras tan indiferente a Mi presencia".

"Tú has sido como aquellos que se apresuran a llegar a la ventana del servicio al parqueadero de McDonald para obtener una hamburguesa rápida. No tenías tiempo para sentarte y disfrutar del ambiente. No querías disfrutar la música. No querías disfrutar de la decoración. No querías sentir el ambiente del lugar. Sólo querías entrar y salir rápidamente".

"Quiero que te sientes conmigo en Mi reino. Quiero revelarte muchas cosas a ti. Quiero que te sientes conmigo en Mi trono. Te ha sido dado saber".

"*...Mas a ellos no les es dado*". ¿Por qué? Porque su corazón no buscaba sinceramente las cosas de Dios. Ellos querían el conocimiento por el conocimiento. Ellos querían el conocimiento para poder argumentar. Ellos querían el conocimiento para dar discursos. Ellos querían el conocimiento para que la gente los reconociera como grandes oradores. Ellos, en realidad, no querían saber.

Algunos quieren saber. Yo quiero saber. Y quiero conocerle a El. Yo quiero saber aquellas cosas que tienen que ver con El. Yo quiero saber aquellas cosas que pertenecen a Su reino. Yo quiero saber Sus misterios.

Un misterio es simplemente una cosa escondida, un secreto. Yo quiero saber las cosas secretas, las cosas íntimas de Dios. Ellas están encubiertas, pero El quiere revelarlas, y yo quiero conocerlas.

Si tú tienes el mismo deseo, dale a El un poco más de tu tiempo. Siéntate más con El. Hazle preguntas como le hacían los profetas:

"Señor, ¿qué significa esto?"

"¿Qué significa el otro?"

"Señor, ¿qué de esto?"

El se deleita en mostrarnos la respuesta por su Espíritu.

Pero bienaventurados vuestros ojos, porque ven; y vuestros oídos, porque oyen.

Porque de cierto os digo, que muchos profetas y jus-
tos desearon ver lo que veis, y no lo vieron; y oír lo
que oís, y no lo oyeron.   Mateo 13:16-17

¡Tú eres bienaventurado! Eres bendecido por ver y
oír. Y Dios desea que veamos y oigamos más en los días
por venir. Entra en la gloria, a través de la alabanza y
la adoración, y recibe el conocimiento del Espíritu.

¡La gloria trae un saber!

La gloria trae perspectiva

No Limitations

Words and Music by Ruth Heflin

No li....mi.......ta...tions in the Spir............it.

No li...mi.......ta....tions in the glo...................ry.

No li.....mi.......ta..tions in the Spir............it.

No li.....mi.......ta..tions in the glo...................ry.

Y las naciones que hubieren sido salvas andarán a la luz de ella; y los reyes de la tierra traerán su gloria y honor a ella.

Juan

La revelación de Dios empieza con el rostro de Jesucristo y continua con las glorias del cielo, pero siempre termina en la tierra. Hasta que Jesús venga, Su sola preocupación es la tierra. La diferencia es que cuando El te enseña la tierra, tú la verás desde el punto de vista del cielo, desde Su perspectiva. Cuando ves la tierra de esa manera, sus problemas no son tan abrumadores.

El te mostrará las inquietudes de Su corazón, tal vez un lugar, una situación de la que tú no sabías. El te deja vislumbrarlo desde el punto de vista de la eternidad, y deja caer un poco de ese entendimiento en tu espíritu, de manera que tú puedas orar y creer por ese lugar o situación.

En la enrarecida atmósfera del Tibet, a quince mil pies de altura, ves las cosas diferentes. Pareciera que puedes mirar por siempre. El agua se ve diferente. El cielo se ve diferente. Todo se ve diferente. Cuando estamos parados en el monte de Dios, todo se ve diferente. Vemos con ojos diferentes.

Dios debe levantarnos al ámbito de la gloria, de manera que podamos ver la tierra desde la perspectiva celestial. Hemos vivido en este nivel terrenal tanto tiempo que vemos las cosas totalmente fuera de perspectiva.

Cuando Jim Irwin fue a la luna, la cosa que más le asombró fue que la tierra parecía ser del tamaño de una canica. El lleva consigo una canica a dondequiera que va como un recordatorio de esa perspectiva. Vemos las cosas totalmente fuera de perspectiva, ¿no es así?

Si alguien no te da la mano, el asunto se hace una montaña. El enemigo es el lente de aumento. El magnífica las cosas fuera de proporción. Aún, cuando no tenemos grandes problemas, vemos las cosas pequeñas magnificadas. Nuestra vida de oración está guiada por la magnificación terrena y no por el punto de vista celestial. De manera que, cuando somos levantados a la gloria, y vemos al Señor, siempre terminamos con una nueva perspectiva de la tierra.

Necesitamos más enseñanza sobre esto. La mayoría de personas, una vez que han visto al Señor, sienten que eso es suficiente. Están tan emocionados: " ¡He visto al Señor! ¡He visto al Señor!" Pero El quiere mostrarnos algo más. La visión completa debe mostrarnos algo de la tierra. Necesitamos ver esta tierra desde la perspectiva del cielo.

Si no tenemos cuidado, tomaremos el periódico, leeremos acerca de algún problema, y empezaremos a orar por ese problema. A veces ese problema toma todo nuestro tiempo de oración. Tal vez Dios quería que oráramos por alguna necesidad que no estaba mencionada en el periódico. No fue mencionada en la televisión. El quiere un pueblo que El pueda levantar en el Espíritu y hacerlos enfocar en una necesidad en particular en algún lugar del mundo. Podemos ser eficaces en la oración cuando hemos visto la necesidad desde el punto de vista celestial.

Recientemente tuve una experiencia en el Espíritu en la que la cabeza de un águila vino sobre mi cabeza, casi como una máscara en una fiesta de disfraces. Entonces, la cabeza de un becerro vino sobre la mía. A medida que busqué en las Escrituras encontré que la cabeza del águila y la cabeza del becerro estaban en el mismo lado de los seres vivientes. El águila representa la visión, el aspecto de revelación, mientras que el becerro representa el servicio del Cuerpo de Cristo.

Cuando la gente enfoque sus visiones en si mismo, hay una tendencia a estar fuera de balance. Cuando la visión y la revelación están ligadas al servicio al Cuerpo de Cristo, estos dos aspectos se mantienen en correcta relación con el todo.

Toma la perspectiva del cielo.

Porque si yo oro en lengua desconocida, mi espíritu ora, pero mi entendimiento queda sin fruto.
¿Qué, pues? Oraré con el espíritu, pero oraré también con el entendimiento; cantaré con el espíritu, pero cantaré también con el entendimiento.
1 Corintios 14:14-15

Quiero que puedas ver las prioridades de Dios. Usualmente lo hacemos al revés. Oramos con el entendimiento y 'también' con el Espíritu. La mayor parte del tiempo oramos en inglés o cualquiera sea nuestra lengua madre. Después, 'también' oramos un poco en lenguas. Pero, el énfasis del Espíritu Santo es *"Oraré con el espíritu, pero oraré también con el entendimiento; cantaré con el espíritu, pero cantaré también con el entendimiento."* Mientras más estés en el Espíritu, más vas a hablar y cantar y alabar y adorar en otras lenguas por el Espíritu del Dios viviente.

Deja que la gloria cambie tus prioridades. Toma la perspectiva de Dios. Vé como El ve. Veremos tal avivamiento en la tierra que naciones enteras vendrán al reino.

> *La ciudad no tiene necesidad de sol ni de luna que brillen en ella; porque la gloria de Dios la ilumina, y el Cordero es su lumbrera.*
> *Y las naciones que hubieren sido salvas andarán a la luz de ella; y los reyes de la tierra traerán su gloria y honor a ella.*   Apocalipsis 21:23-24

¿Naciones salvas? Algunos de ustedes difícilmente pueden creer por sus esposos a que se salven. Entra en lo celestial, y no sólo creerás por tu esposo(a), creerás por las naciones. Si permaneces en el ámbito terrenal, tendrás problema en creer simplemente por la persona de al lado. Pero si entras en el Espíritu, puedes creer por continentes.

La Palabra de Dios dice que habrá naciones salvas. Veremos un gran avivamiento. Israel será una de las naciones salvas. Lo sé porque el Apóstol Pablo profetizó *"Y luego todo Israel será salvo"* (Romanos 11:26).

Pero Israel no será la única nación salva. *"Y las naciones que hubieren sido salvas..."* En ese ámbito de la gloria, tu fe es liberada para creer por cosas mayores que Dios tiene. Tú empiezas a conocer al Rey de la Gloria. Tú sabes que El es Aquel que pelea las batallas. El es Aquel que trae las victorias.

Cuando era una jovencita en Hong Kong, ya tuve una visión por las naciones. Algunos de mis compañeros no podían entender eso. Se preguntaban por qué no estaba satisfecha con simplemente Hong Kong.

Ellos me preguntaban: "¿Cuando nació este concepto de las naciones en tu espíritu?" No lo sé. Pero yo crecí en la gloria, y cuando Dios está hablando, El siempre habla con una visión completa. Su visión es siempre del mundo entero. Cuando tú oyes mucho hablar a Dios, empiezas a tomar las ideas de Dios para tu espíritu, y empiezas a estar consciente de lo que El está pensando.

Sus deseos son para las naciones. En diecisiete años de vivir en Israel, yo rara vez digo: "Jerusalén", sin incluir a "Israel y a todas las naciones". La bendición de Dios para Jerusalén y para todo Israel es para que a través de Jerusalén y a través de Israel todas la naciones sean bendecidas y salvas.

¡La gloria trae perspectiva!

Alaba ... hasta que el
espíritu de
adoración
llegue.

Adora ... hasta que la
gloria
llegue.

Luego ... ¡permanece
en la glo-
ria!

Otros coros de alabanza y adoración

por

Ruth Ward Heflin

Jerusalem, A House of Prayer

Words and Music by Ruth Heflin

Continued:

Verses:

1. A House of Prayer .... for all na.........tions.

A House of Prayer .... for all the world.

A House of Prayer................... , for... all peo..........ple.

Jeru...sa........lem..............................., Jeru....sa........lem.

2. Prevailing prayer is the answer
   For Jerusalem, for all the world.
   Prevailing prayer is the answer
   Jerusalem, Jerusalem.

3. Holy is the Lord, in Jerusalem.
   Holy is the Lord, in Jerusalem.
   Holy is the Lord among His

I Ask for the Nations

Words and Music by
RUTH WARD HEFLIN

In the name of Je-
(May they not be) na-

sus, In the name of the Lord.
ked. May they not be a - shamed

I come to Thee, oh, God.
to stand be - fore Thee, oh, Lord

In the
on that

name of the Lord. I ask not for
great judge-ment day. Oh may they be

rich - es, I ask not for fame.
spot - less and may they be clothed

I ask for the na - tions
oh may they know Je - sus

in Je - sus' name. I
that day at Thy throne.

213

He Gave Me

Words and Music by
RUTH WARD HEFLIN and
SUSAN SHARP WOODAMAN

And So We Wait

Words and Music by
RUTH WARD HEFLIN

1. And so we wait, we wait un-til He comes for us. ___ And so we wait, with joy and ex-pec - ta - tion. ___ And

218

wait for the com-ing of the Lord. 2. A glimpse of Him

will all our hope and joy ful-fill. A smile from Him will be life's great re-

ward. To be with Him nev - er more to know the pain

of sep-a - ra - tion from the One we've wait-ed for. We

So Many Miracles

Words and Music by Ruth Heflin

The Flutter of Their Wings

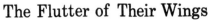

Words and Music by
RUTH WARD HEFLIN

Why Don't You Let Go And Let God

Words and Music by Ruth Heflin

1. WHY DONT YOU LET GO AND LET GOD DO WHAT HE WANTS TO DO WITH
2. I'M GOING TO LET GO AND LET GOD DO WHAT HE WANTS TO DO WITH
3. WHY DONT YOU LET GO AND LET GOD TAKE YOU TO THE NA-TIONS OF THE

YOU _____ WHY DONT YOU LET GO AND LET GOD
ME _____ I'M GOING TO LET GO AND LET GOD
WORLD _____ WHY DONT YOU LET GO AND LET GOD

DO WHAT HE WANTS TO DO WITH YOU WHY DONT YOU
DO WHAT HE WANTS TO DO WITH ME I'M GOING TO
TAKE YOU TO THE NA-TIONS OF THE WORLD WHY DONT YOU

LET GO AND LET GOD DO WHAT HE WANTS TO DO WITH
LET GO AND LET GOD DO WHAT HE WANTS TO DO WITH
LET GO AND LET GOD TAKE YOU TO THE NA-TIONS OF THE

YOU _____ WHY DONT YOU LET GO AND LET GOD
ME _____ I'M GOING TO LET GO AND LET GOD
WORLD _____ WHY DONT YOU LET GO AND LET GOD

DO WHAT HE WANTS TO DO WITH YOU
DO WHAT HE WANTS TO DO WITH ME
TAKE YOU TO THE NA-TIONS OF THE WORLD

Copyright © 1988—Ruth Heflin

I Want to Consider You

Words and Music by Ruth Heflin

2. Beyond the moon and stars
You are, You are.
Beyond the moon and stars
You are, You are.
Beyond the moon and stars
You are, You are
I want to consider You.

3. From eternity to eternity
You are, You are.
From eternity to eternity
You are, You are.
From eterninty to eternity
You are, You are.
I want to consider You.

4. Without You there would be
No need for melody.
Without You there would be
No need for melody
Without You there would be
No need for melody.
I want to consider You.

5. Consider the lillies
How they grow.
No toiling, no spinning
Yet they grow.
Consider the lillies
How they grow
And you will consider Me.

224

Wheel Within A Wheel

Words and Music by Ruth Heflin

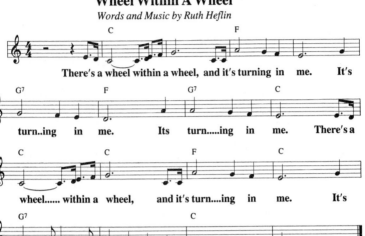

There's a wheel within a wheel, and it's turning in me. It's turn..ing in me. Its turn.....ing in me. There's a wheel...... within a wheel, and it's turn....ing in me. It's turning in the glo.............................ry............................... .

2. There's a fire within a fire,
 And it's burning in me.
 It's burning in me.
 It's burning in me.
 There's a fire within the fire
 And it's burning in me.
 It's burning in the glory.

3. I can see. I can see.
 I can see the glory.
 I can see the glory.
 I can see the glory.
 I can see. I can see.
 I can see the glory.
 I can see the glory.

4. You are. You are.
 You are my glory.
 You are my glory.
 You are my glory.
 You are. You are.
 You are my glory.
 You are my glory.

The Glory Realm

Words and Music by Ruth Heflin

The glo....ry realm, the realm of e...ter....ni..ty

The realm of the heaven..lies, the glo....ry realm.

The glo....ry realm, the realm where the angels sing,

The realm of the Heav'nly King, the realm of God.................... .

2. The glory realm, the realm where we stand as one,
   In the glory of the Son, the glory realm.
   The glory realm, the realm of His face revealed,
   The realm where the nations are healed, The realm of God.

These Glory Songs are available on two cassette tapes. To order them, send (US) $10 plus $3.00 shipping & handling to the ministry address on the next page.

For your copy of Ruth Heflin's book, *Jerusalem, Zion, Israel and the Nations,* send (US) $15 plus $3 shipping and handling to the same address.

Ministry address:

Mount Zion Fellowship
Miracle Prayer Chapel

Halcyon House
13 Ragheb Nashashibi
Sheikh Jarrah
Jerusalem, Israel
Tel. (02) 828964
Fax. (02) 824725
P.O. Box 20897

12816 Westbrook Drive
Centreville, VA 22020
Tel. 703 830-1816
Fax. 703 830-6588

Services: Friday - Saturday - Sunday
10:30 A.M. & 7:00 P.M.

Prayer Meetings: Monday - Tuesday - Wednesday - Thursday
2:00 - 3:00 P.M

— Prayer requests may be sent by mail, FAX or phone. —

Calvary Pentecostal Tabernacle

11352 Heflin Lane • Ashland, VA 23005 • Tel. (804) 798-7756 • Fax. (804) 752-2163

10 1/2 Weeks of Summer Campmeeting 1997

Friday, June 20th through Labor Day

With 3 great services daily

*Ruth Heflin will be speaking nightly
the first two weeks of Campmeeting*

Winter Campmeeting 1997 begins February 7th

Ruth Heflin will be speaking nightly the first week

Ministry tapes and song tapes are also available upon request.